天津记忆第六种
主编 王振良

百年留踪

解放桥的前世今生

方博 著

天津出版传媒集团

天津古籍出版社

图书在版编目（CIP）数据

百年留踪:解放桥的前世今生 / 方博著. -- 天津：天津古籍出版社, 2015.1
（天津记忆 / 王振良主编）
ISBN 978-7-5528-0296-2

Ⅰ. ①百… Ⅱ. ①方… Ⅲ. ①桥–史料–天津市 Ⅳ. ①K928.78

中国版本图书馆 CIP 数据核字(2014)第 293384 号

百年留踪:解放桥的前世今生

方博 著

出版人 / 张玮

*

天津古籍出版社出版
（天津市西康路 35 号 邮政编码:300051）
http://www.tjabc.net
天津印艺通制版印刷有限责任公司印刷
全国新华书店发行
开本 880×1230 毫米 1/32 印张 8 字数 200 千字
2015 年 1 月第 1 版 2015 年 1 月第 1 次印刷

ISBN 978-7-5528-0296-2
定 价：39.00 元

序

杜 鱼

编辑《百年留踪:解放桥的前世今生》,是一次愉悦的精神旅行。解放桥可以说是天津最著名的桥梁,著名到妇孺皆知人人耳熟能详。可翻阅完这本小册子,我们才会真正发现,以前我们对这座桥梁的了解,该有多么的肤浅甚至是错误。

解放桥之所以著名,原因之一是其设计者曾被传作是埃菲尔——著名的巴黎埃菲尔铁塔的设计者。解放桥初名万国桥,民间则俗称其为法国桥,故此天津人宁愿相信,就是法国建筑师埃菲尔设计了解放桥。但令天津学人纠结的是,埃菲尔之说毕竟缺乏文献佐证,说出来总是没有底气。于是就要寻找证据,可让人失望的是,埃菲尔1923年已去世,距离解放桥之建成有着将近四年的时间差。于是又有人给埃菲尔之说作注脚,认为埃菲尔生前设计好了图纸,只是未及等到桥梁建成而已。这在逻辑上固然说得过去,但毕竟只是一相情愿的推测,难以拿到桌面上来显摆。

方博的这本小册子,虽然谈不上多么厚重,但它却打破了诸多陈说,让我们不得不重新来审视和认识解放桥:解放桥的名称沿革,原来有那么多的不同说法;解放桥的建设历史,原来有那么多的曲折传奇;解放桥的竣工典礼,原来有那么多鲜为人知的细节;解放桥的倡建者、设计人、承包商,原来都有白纸黑字言之凿凿;解放桥的建设费用,原来竟然屡次追加,最终成为一笔糊涂账……

  这本小册子的主要文献,大都来自天津《大公报》《益世报》及《北洋画报》,这对具备基本文献学功底的学者来说,完成其写作本不是件难事。然而它最终却在一位不到三十岁的青年学人手中问世,不能不让人感叹知之易和行之难。当然也还有一种可能,就是关于一座桥梁人文历史的课题,既不是什么高深学问,更难以申请项目经费,因此造成所谓"智者不为"罢了。

  近代百年看天津,口号喊出来已经有年头了,但到底能看些什么,我想绝不仅仅是历史街区的蜻蜓点水和走马观花,而恰恰应该是历史的细节,就像方博笔下的解放桥一样,虽然带有点儿学术的色彩,但更多的是历史留给我们的无穷趣味。

  方博关于解放桥的写作还在进行,收入这本小册子的文字,不过是刚刚揭去面纱的解放桥的一角。我们期待他能够复原更多解放桥的历史侧影!

2012年10月26日

按:本文原为《天津记忆》第114期《解放桥的前世今生》(2012年10月18日印行)之《编后记》,现移此作为序言。

目 录

天津人的解放桥情结 ………………………………… 1

四座桥梁 跨越三个世纪 ……………………………… 5

 称谓变化 时代缩影 ………………………………… 7

  万国桥名 缘何而来 ……………………………… 8

  官称俗称 区别对待 ……………………………… 12

  衍生名称 复杂多样 ……………………………… 15

  从中正桥 到解放桥 ……………………………… 17

 架设浮桥 雏形开端(1861—1904) ………………… 23

 建设铁桥 半途而废(1888—1889) ………………… 26

  铁桥夭折 功亏一篑 ……………………………… 26

  建桥通航 两不相扰 ……………………………… 28

  附录：李鸿章为法租界河心铁桥保航运事札德璀琳(1889年3月10日) ………………………………………… 31

  无可奈何 下令拆桥 ……………………………… 32

  拆除铁桥 功败垂成 ……………………………… 35

  废弃残骸 难觅出路 ……………………………… 36

老万国桥 风云际会（1904—1928）··················· 39
　　首倡之人 将军华伦 ······················· 39
　　工程建造 法商垄断 ······················· 41
　　老万国桥 落成典礼 ······················· 46
　　电车过桥 花钱买路 ······················· 49
　　移建红桥 终未如愿 ······················· 52

新万国桥 独领风骚（1927至今）··················· 60
　　桥梁设计 源自何人 ······················· 60
　　设计方案 因地制宜 ······················· 65
　　附录：天津新万国桥之计划 ··················· 69
　　属地模式 世界领先 ······················· 72
　　施工事故 酿成惨剧 ······················· 77
　　供电问题 纠葛不断 ······················· 79
　　好的基础 成功一半 ······················· 82

八十余载 见证世间沧桑 ······················· 87

竣工典礼 风光无限 ··························· 89
　　落成仪式 一拖再拖 ······················· 89
　　张大元帅 莅临之谜 ······················· 92
　　庆典现场 历史瞬间 ······················· 96
　　维持秩序 棍棒相加 ······················· 101

建桥费用 一塌糊涂 ··························· 104
　　筹款矛盾 催生桥捐 ······················· 104
　　工程费用 骤涨百万 ······················· 110
　　再次涨价 公众哗然 ······················· 113

附录1：外国人之拆烂污 万国桥用款超过估价事 …… 121
　　附录2：会呈核议万国桥工程经费延长征收桥捐一案谨将派
　　　　　员澈查情形及会同拟具意见仰祈鉴核文 …… 125
　　附录3：直隶省长褚玉璞为建新万国桥附件河捐展限事令津
　　　　　海关监督 …………………………………………… 131
管理维护 不容忽视 ………………………………………………… 134
　　堵车难题 由来已久 …………………………………………… 134
　　往来船只 航行规则 …………………………………………… 137
　　河底电线 浩大工程 …………………………………………… 141
　　日常管理 谁人负责 …………………………………………… 143
　　开启事故 骇人听闻 …………………………………………… 145
抗战前后 风云变幻 ………………………………………………… 148
　　日本军舰 桥下横行 …………………………………………… 148
　　大桥开启 阻止日军 …………………………………………… 153
　　国学大师 逃难足迹 …………………………………………… 158
　　露宿经历 感慨良多 …………………………………………… 161
崭新时代 继往开来 ………………………………………………… 165
　　会师地点 何以混淆 …………………………………………… 165
　　国庆瞬间 画作展现 …………………………………………… 172
　　耄耋之年 重焕青春 …………………………………………… 174

大桥身影 放眼无处不在 …………………………………… 181

桥梁之间 联系万千 ………………………………………………… 183
　　中堂过铁 原型何在 …………………………………………… 183
　　黄河海河 一脉相连 …………………………………………… 186

　　　　津粤相牵 以桥为媒 ················· 189
引领租界 促进发展 ····················· 194
　　　　桥梁出现 法界契机 ················· 194
　　　　大楼选址 桥是关键 ················· 197
　　　　租界中街 末端延伸 ················· 200
　　　　海铁联运 一桥牵线 ················· 203
　　　　大桥开启 租界发展 ················· 206
潜移默化 深入人心 ····················· 210
　　　　方寸天地 魅力尽显 ················· 210
　　　　登上封面 锦上添花 ················· 212
　　　　年画之中 风情再现 ················· 214
　　　　桥梁造型 成为理念 ················· 218
　　　　形象概念 俯拾皆是 ················· 220

参考文献

书籍 ······························· 222
论文 ······························· 228
报纸 ······························· 230

后记：你的生日，也是我的生日 ············· 239

天津人的解放桥情结

"天子津渡,九河归宗。"一语道破"水"给予天津的独特魅力。津城素有"七十二沽"之称。千百年来,河东水西、沽上海下的先民无不"万灶沿河而居",河就是他们的命脉。当海河穿城而过,奔流东去之时,就注定了"桥"在津沽大地不可或缺的地位。有人说,一座城市有了水就有了活力,有了桥便有了诗意。桥承载着这片土地的文化积淀和历史内涵。因此,天津人对桥可谓情有独钟。

大桥飞架南北,令两岸路途通达、化险为夷,也使隔河百姓相融相通、血脉共存。但横亘在河面上的桥梁必然会给过往船只的通行造成一定影响。建于清光绪十三年(1887)的天津"老大红桥",在设计之初就考虑到这一问题,所以采用了单孔拱式结构,即:由四根拱肋组成空腹式拱架,跨径达 50 米之多。这样虽然方便了船舶航行,可是大跨度的桥拱导致桥面过高,坡度过陡,桥上行车多需前拉后推,才可勉强通过,又给行人车马带来极大不便。要怎样做才能使一座桥达到水陆各行其道、又互不影响的最佳效果呢?这就使开合桥的设计应运而生。

海河上曾汇聚了多座开合桥。1963 年 3 月 31 日《天津日报》发表我国桥梁建筑大师茅以升先生所撰《天津的开合桥》一文,其中指出:"几乎全国的开合桥都集中在天津,而且天津市区的极大多数的桥也就是这种开合桥,这不能不算是天津的一种'特产'。"解放桥就是其中最动人的诗篇,合时桥上行车,开时桥下航船,一开一合,水陆两便。在2010年出版的《辞海(第六版)》中,"开合桥"词条的插图正是选用了解放桥的形象,足见它在开合桥中堪称经典之作。

从解放桥建成之日起,观开桥就成了天津人的一大美谈。据《天津航道局史》记载:"万国桥(编者注:解放桥原名万国桥)建成后,即由海河工程局派专人负责管理,比较重视桥梁开启的维护工作。自1927年10月18日该桥建成以来,至1936年底,共开启2058次。"由此说明,在抗日战争爆发前,除去每年冬季3个月的封航期,9年时间里大桥几乎每天都在有节奏地开启、闭合。

1949年天津解放后,解放桥的开启次数日渐减少,20世纪的最后一次开启是在70年代。当时不是为了方便过船,而只是进行试验性检修,所以就把时间定在过往车辆稀少的半夜12点至凌晨2点。但没想到父老乡亲们听说大桥又要开启,纷纷半夜赶来,守在河边,争相目睹这一奇观。当桥面打开的一刹那,海河两岸竟是观者如云,人声鼎沸,可见天津人对这座桥的感情有多深。

我从小就喜欢听老人们讲这些故事,可惜我出生在20世纪80年代,那时的解放桥因为年久失修,已经丧失了开启功能。所以我曾无数次想象着开桥的全过程那激动人心的场面。在我童年的脑海中,它就像一个变形金刚,可以轻松自如地变换样式。一直未见过开桥盛况,不能不说是我儿时的遗憾。进入新千年,作为海河开发改造的一部分,解放桥再次恢复了开启功能,使这座拥有八十余年历史的老桥再度焕发了青春与活力。能够亲眼目睹大桥开合,也终于实现了我童年的梦想。

解放桥一经建成,就成为天津无可争辩的标志性建筑。在它通车后不到两个月的时候,1927年12月3日出版的《北洋画报》中就将其与中原公司评选为当年天津的两大建筑。1934年出版的《天津市概要》更是称赞道:"本市已有之桥梁将及五十座之多,租界内则有十一,而以法租界与特三区相连之万国桥为最大,其工程之巨可为全市桥梁之冠。"此后,被美国国家地理学会誉为"历史地理学巨擘"的侯仁之先生甚至把解放桥誉为"现代天津都市发展之象征"。其在1945年出版的著作《天津聚落之起源》中,总结津城发展脉络时这样写道:

卫河(御河南运河)之所以重要,因其为昔日内地交通之命脉,其航利之大,腹地之广,华北平原诸大河殆无出其右者……况明清两代之漕运,专用河路,南粮北上,实以卫河为中继。既至天津,乃复转入白河(潞河北运河),逆流以达京畿。此外再益以捕鱼行盐之利,则卫河对于天津地方发展之影响,可胜言哉……白、卫二河之相交,天津适居其中,而天津筑城置卫之地,即当卫河最后东折以汇白河之处,盖此适扼南北陆行之一大渡口,金元之屯兵以守者在此,燕王棣之渡师而南者亦在此。今日北门外之金华桥即可视为此渡口之中心,而天津初期人文地理之扩展,要可以此为象征。降及近世,海运大兴,于是人文活动之重心,转自陆地移于海洋。海河既为华北入海之捷径,海洋势力遂亦由此而侵入大陆。天津之始,本在海河上游;租界后辟,反为旧城门户。此乃天津近代经济发展之重点,已由卫河一转而移向海河之明证;至于中街起处之万国桥,亦正可比于北门外之金华桥而为现代天津都市发展之象征焉。

解放桥从最初的浮桥到被铁桥替代,又从平转式开启发展到双叶立转式开启。先后四座桥梁一脉相承,整整跨越了三个世纪。从用材粗陋,到坚固耐用;从简易搭建,到复杂设计;从毫不起眼,到雄伟挺拔。这四座桥梁不断变化的是外形,而薪火相传的则是津门对造桥技术的突破,对时代潮流的引领,彰显着天津作为近代以来迅速崛起的大都市的不竭动力。

如今的解放桥更成为天津人热爱故乡的情结。我是地地道道的天津人,因为工作单位就在解放桥附近,所以每天早晚上下班都要从桥上路过,可谓与大桥朝夕相伴。又因为它坐落在火车站旁,所以又成为很多来往旅客的必经之路。

每次出门远行时,我拉着行李箱,走过大桥奔向车站之际,心中总会产生对家乡的丝丝眷恋。而每次回到天津,一下火车,很远就能望见解放桥,心底里总会对自己说一句:"回家的感觉真好!"

四座桥梁 跨越三个世纪

称谓变化 时代缩影

对于解放桥，天津人再熟悉不过。当拍摄津门大地风光时，无数摄影师都会毫不犹豫地把镜头对准它。那钢筋铁骨的造型凸显着引领潮流的风采，那雄浑壮阔的身躯展现着海纳百川的胸怀。早在几十年前，它就是天津这座北方经济中心毋庸置疑的标志。有意思的是，对这座老桥不同的人总会有不同的称谓。爷爷、奶奶们习惯叫它"法国桥"，父亲、母亲们喜欢叫它"解放桥"，而桥头的文物保护标牌上明明写的是"原万国桥"。这究竟是怎么一回事呢？

19世纪后半叶，在位于天津法

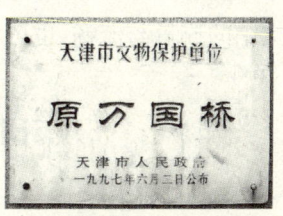

天津市文物保护单位标牌

现今桥头的"解放桥"字样

租界紫竹林一带的海河上,开始出现浮桥。迄今,这一带共出现过四座桥梁,即:浮桥、铁桥、平转式开启桥、双叶立转式开启桥。其中,双叶立转式开启桥即指如今的解放桥,而前三座桥梁早已湮没在历史的长河中,了无踪影。这四座桥梁就是解放桥的前世今生,也是本书研究的主体。

然而,其各个时期的桥名称谓均有变化,即便是同一时期,人们的叫法也不尽相同。总之,由于各种官称、俗称、衍称、统称杂糅相间,当后人涉及解放桥早期发展史时,往往不明就里、一头雾水。

所以,在本书开篇,有必要对该桥的历史沿革与称谓变化进行梳理与汇总,明确不同时期的各自名称。这样,既有利于后续篇目行文中的连贯与流畅,也可消除读者阅读时的障碍与困扰。

万国桥名 缘何而来

此地最早的桥梁是浮桥,在清咸丰年间就已存在。历史资料对其称谓有多种记载,如:紫竹林浮桥、老龙头浮桥、法国浮桥("法国"特指天津法租界)等。这主要是由于当时该浮桥并无正式名称,只是用附近的地名来较为随意地指代,以便与其他浮桥区分开来。

清光绪十四年(1888),这里曾出现过一座尚未建成即被拆除的铁桥。该桥因铺筑从天津至通州的"津通铁路"而建造,但在随后爆发的第二次铁路大论战中被迫拆毁。对于此中原委,多年来众说纷纭,史料记载是因大桥严重阻碍海河上船只的通行。也有学者认为,更重要的原因在于朝廷内的保守派借助运河利益煽动群众情绪,来攻击李鸿章主导的洋务运动。不管怎样,大桥终究还是功败垂成。人们还没来得及为桥梁取个响亮的名字,它就已从大众的视野中消失了。

1900年夏，八国联军发动侵华战争，他们进攻的第一个目标就是天津。1900年6月17日，大沽口失陷。7月14日，天津城失守。当各国军队涌入津城肆意烧杀抢掠之时，列强首领们也在考虑如何才能更好地控制住局面。为了恢复城市秩序，各方经过协商，一致同意建立"天津临时政府"来管理天津及周边地区。这就是后来广为人知的西方列强在津统治机构——"都统衙门"。

都统衙门从1900年7月14日占领天津城开始，直至1902年8月15日由直隶总督兼北洋大臣袁世凯代表清政府接管为止，存在长达两年之久。在这段时间里，他们共召开正式会议329次，每次都有详细的会议纪要。1902年，天津"益闻西报馆（China Times）"正是以这些会议纪要为基础，出版了《Procès—Verbaux des Séances du Gouvernement Provisoire de Tientsin》，译成中文即为《天津临时政府会议纪要》。2004年，该书的中文译本正式出版，取名《八国联军占领实录——天津临时政府会议纪要》。其中，就涉及一些与解放桥的前身——老万国桥（1904—1928）相关的资料，这为研究解放桥早期沿革提供了重要的史料依据。

第一次有关建桥的记载，来自1901年6月12日《第156次会议纪要》，即：

> 华伦将军请本委员会（天津临时政府委员会——引者注）提供资金修建一座铁桥，将火车站街与通往火车站的道路连接起来。他指出这也是出于军事上的需要，铁桥将两岸连接起来，战争期间有利于防守，平时也便利日常交通。

本委员会在复函中表示,(修建)该桥的确非常必要,愿意承担修建费用,海河从未划归外国租界,临时政府也有义务修桥并支付运行费用。

很明显,这里提到连通火车站的桥梁,就是于1904年1月9日竣工的老万国桥(1904—1928)。

而"万国桥"这个桥名第一次出现是在1901年7月12日《第170次会议纪要》中:"本委员会审阅了法国领事有关建桥问题的来信,决定采纳法国领事的提议并制定以下条款……"其中的第四款提到,"桥梁将永远作为一座国际桥梁对中外一切人士开放,并将被命名为'国际桥'。"

此后,在津法国人却对这个桥名提出了质疑,希望予以更改。1901年7月17日《第172次会议纪要》中,有如下记录:

法国领事答复本委员会本月12日关于桥梁问题的去函,他声明说:……要求更改"国际桥"这一桥名……本委员会认为,"国际桥"的名称是惟一恰当的名称。俄国领事已经正式通知本委员会,当桥交由临时政府掌管时,他将分担桥的运行及警卫费用。

《天津临时政府会议纪要》的原文为法文,而笔者目前查阅到的是中文译本,所以可以肯定"国际桥"一词来源于法语。

按照法国人的语言习惯,是很少用"万"这个计量单位的。这一点和英语近似。在英语数词中,最常用的三个词为"thousand(千)""million(百万)""billion(十亿)",这三个数字均以"1000"为一个进制。因此,"万"在英语中是一个很啰嗦的说法,在法语中也是同样。

这也就说明"万国桥"是意译,而"国际桥"是直译。两个词同出自法语词汇"pont international"。由此也衍生出了英语词汇"international bridge"。可见,在建桥初期,"万国桥"这桥名是个不折不扣的洋词儿。

那么,当年为什么不直接称作"国际桥",而偏偏要叫"万国桥"呢?这还要从当时的语言习惯说起。

清末,随着中国与世界交流的日益频繁,很多时髦的新词汇如雨后春笋,"万国"就是其中之一。在当时,只要是有"国际""全球""世界"等语意的外来语,在翻译成中文时,都习惯称之为"万国"。由此形成的词汇很多,甚至有些沿用至今。在2010年出版的《辞海(第六版)》中就收录了"万国储蓄会""万国公报""万国红十字公约""万国生丝检验所""万国邮政联盟"等辞条。另外,还有一个耳熟能详的例子,就是"万国博览会"。提起"万国博览会",可能大家觉得耳生,但如果说"世博会",那就是无人不知、无人不晓了。"世博会"的全称是"世界博览会"。而在清末和民国年间,时常被译作"万国博览会"。

"万国"一词曾在租界地名中出现频率颇高,其受追捧程度由此可见一斑。

以上海为例,清光绪三十四年(1908),浙江商人叶贻铨创办当时上海最大的跑马场——"万国体育场",因坐落于江湾镇东,上海人也称之为"江湾跑马厅"。清宣统二年(1910),上海运动事业基金董事会介入"万国体育会",并成为最大的股东后,其基金会也被称为"万国体育会"。除了体育界,在金融领域,1912年,在上海的法租界中设立过"万国储蓄会"。

再来看看津门。20世纪20年代，天津法租界海大道上有"万国汽车公司"。在法租界马家口恒和里有"万国工程公司"。在天津老城东南角，还有"万国图书公司"。随手找来1931年出版的《天津志略》翻上几页，"万国"二字便跃然纸上。如：日租界有"万国公寓"，英租界耀华里有名为"万国体育赛马会"的组织。可见，在津城，以"万国"为名者也比较多见。

随着1949年新中国成立后的普通话改革和地名命名的规范，国人的语言习惯较之几十年前有了不少变化，而"万国"一词也几经变迁，甚至在一个时期还被音译作"英特纳雄耐尔"，后来逐渐被"国际""世界"等更直白、更易理解的词汇所取代，逐渐淡出人们的视野。不过，由于比较完整地保存了民国时期的大量小洋楼，天津至今仍被誉为"万国建筑博览会"。

官称俗称 区别对待

虽然外国人在大桥建设之初，就为其取了"万国桥"的洋名字，但老百姓偏偏不买账。

在天津卫的地盘上，起名字当然要按此地的规矩来。你用你的洋称呼，我有我的土叫法。而且往往是多年之后，这土叫法早已响彻云霄，而那洋称呼却是湮没无闻。此类事例屡见不鲜。如：位于三岔河口原望海楼旧址一带的天主教堂，原本由法国人为之取名"圣母得胜堂"，但天津老百姓就是不管那一套，而是坚持叫它"望海楼教堂"。另如：天津法租界的天主教堂，曾被命名为"圣路易教堂"，但也没能延续多久，即被"紫竹林教堂"这个本土化的名字所取代。

对于连接天津法租界与天津火车站（时名老龙头火车站）之间

的这座大桥更是如此。虽然"万国桥"这一桥名已被白纸黑字确定下来,可是天津人就爱叫它"法国桥"。甚至直到今天,很多老先生都难以改口。

如果你问这些老人,为什么管它叫"法国桥"呢?他们大多都含含糊糊地说不出个所以然来。当然也会有人反问你,这桥不是法国人建的吗?由此得名,还有嘛问题吗?其实,这种说法是站不住脚的。前引《天津临时政府会议纪要》中有明确记载,即从大桥筹建之初,盘踞在津的各国列强都参与其中,而施工过程中,更少不了中国人的聪明才智和辛勤汗水。应该说大桥是国际合作的产物,"万国桥"一名也正是充分体现这一特点。

要想搞清为何天津人爱叫它"法国桥",应将历史上天津的地名命名习惯作为切入点。

在清末民初那个积贫积弱的年代里,天津被划分为九国租界。对于天津各租界地名,虽然各国租界当局都有官方称谓,但老百姓总习惯用"国名+建筑用途"的方式来称呼租界里的建筑。在天津法租界中,以此种方式命名的情形随处可见,比较著名的如:法国领事馆、法国公议局、法国营盘、法国教堂、法国俱乐部、法国花园、法国菜市等。循此思维模式来理解,位于天津法租界入口处的这座特色鲜明的大桥被称为"法国桥",也就不足为奇了。

甚至在很长一段时间里,"法国桥"的知名度远远高于"万国桥"。《荣庆日记》所载就很能说明问题。

> 1914年(民国三年)十月十八日:午后,乘车度法国桥,经意、奥界,过东浮桥至官银号,归蕃老到,看吴仲老新置房。

1914年(民国三年)十一月初三日:早,上楼负暄,看书、啜茗。午后,度法国桥,经盐坨意、奥界,由浮桥、铁桥折归,仍楼上观书。

荣庆是清末政坛中的重要人物,跻身阁臣之列。1912年清王朝覆灭后,荣庆携全体家眷迁居天津,过起了寓公生活。初来乍到的他,对津门掌故知之甚少是在所难免,至于地名演变和历史渊源的问题就更是一无所知了。所以在地名的使用上,他最容易随波逐流,模仿天津本地人的语言习惯。这也就有了《荣庆日记》中照搬"法国桥"这一桥名的情形。总之,在历史上"法国桥"比"万国桥"的使用更普遍,也更易于人们接受。

"万国桥"和"法国桥"这两个桥名,究竟哪个才是官称呢?所谓官称是指有文献史料做依据,具有规范性和权威性的命名。俗称则是从风俗习惯而来,是流行于民间的称谓。因此,后人对于往昔官称的确定,应该讲究以史为证、有据可查,而不能以其传播范围的广泛性作为简单化的评判标准。

前文提到的《天津临时政府会议纪要》中对于万国桥命名的记载,就是最明显的证据。此外,还可以通过老地图来做进一步佐证。因为,地图在历史上的各个时期内,均是专业部门的正式出版物,具备地名上的规范性和权威性。

从1904年建成老万国桥(1904—1928)到1945年抗日战争胜利之前,笔者共查阅到8张天津地图,其中,7张标注均为"万国桥",即:1913年《天津最新详细地图》、1917年《京津两市图(天津)》、1919年《天津地图(MAP OF TIENTSIN)》、1925—1926年《天津地图(MAP OF TIENTSIN)》、1927年《天津市街图》、1934年《天津详图(华英对照)》、1937年《天津市县详图》。另有1张标注为"法国桥",即:1908年《天津全埠详细新图》。

天津地方志典籍中,也载有"万国桥"这一称谓,如:1918年出版的《津门精华实录》中记载:"万国桥,本我'老龙头浮桥',经各国改筑,遂改名为万国桥……"

由此,笔者认为,"万国桥"才是官称,而"法国桥"应是俗称,但偶尔也被官方使用过。

衍生名称 复杂多样

"法俄桥"是解放桥前身最罕见的名字之一。1929年1月29日夜,革命党在天津金钢桥头攻打直隶总督署,是谓"天津起义"。崔文藻时任北方革命军总司令部第五路司令。起义失败后,崔文藻被捕。他在供词中提及过"法俄桥"。《崔君在北洋行营营务处被审供词》称:

> 腊月十一日,二次议和不成,民军北伐总司令电京、津、保同志,约于是夜大举,驱逐民贼,光复燕京。余带炸弹队二十名、手枪队二十名,往攻津督署及巡警总局。当即将所属密布于该两署附近。
>
> 余于十二点钟,取道"华奥桥",思北抄以攻其后,至则此桥已断,后绕道"法俄桥",讵此桥又为法俄兵警所阻,不能前进。余又至国风报馆,筹商进行方法。忽民军总司令又来一电,谓:"议和续期,暂缓进攻,以示文明。"余即往收兵欲回。方至"下天仙",即有巡警三十余名,阻不容进,余飞车冲过……

"法俄桥"这一称谓也有其合理性。大桥建成初期,一直是连接法租界与俄租界的咽喉要道。将两个租界的国名简称组合在一起,以地名衍生为桥名,虽在情理之中,但应为俗称。同时,这也反映出当年人们的取名智慧。

若提及"老龙头铁桥",天津人也自然会想到解放桥前身的那座平转式开启桥。这是因为天津人对"老龙头"早已耳熟能详。"老龙头"初指天津火车站,后泛指天津站地区。1904年1月9日竣工、1928年拆除的平转式开启桥,因连接"老龙头火车站",后被称为"老龙头铁桥"。

不过,笔者在参阅资料的过程中发现,"老龙头铁桥"这个桥名在20世纪80年代改革开放后的各种出版物中频繁出现,而在1949年天津解放前的史籍中竟从未见其踪影。由此推测,该桥名有可能是后人在介绍解放桥时,为区别其前身的两座万国桥而起的,是个俗称。

此平转式开启桥俗称为"老龙头铁桥",本书行文中使用"老万国桥(1904—1928)"一名专指该桥

存在于1904年至1928年间的平转式开启桥,与1927年通车、一直沿用至今的双叶立转式开启桥,都曾叫"万国桥",在时间和身份上有替代关系("万国桥"这一桥名一直沿用至抗战胜利后)。为避免因指代不清而产生混淆,后来改称前一座桥为"老龙头铁桥"的做法是可以理解的。至于在历史上究竟有无"老龙头铁桥"这一叫法,仍需查考。

考虑到这一点,本书在行文中,没有使用"老龙头铁桥"这个桥名,而是使用"老万国桥(1904—1928)"一名来专指今解放桥前身的平转式开启桥。

从中正桥到解放桥

1927年新桥通车后,将"万国桥"的官称和俗称一并承袭下来。唯独"法俄桥"之名无人再提。

抗战胜利后,"万国桥"改名"中正桥"。关于更名时间,各方著

万国桥于1927年通车,并沿用至今,抗战胜利后改名"中正桥",天津解放后又更名"解放桥"。

述有1945年、1946年、1948年等多个版本,而对于准确时间、缘由若何等关键问题却又语焉不详。因此,值得作一番考证。

此事的动议始于1945年底,天津市政府委令市工务局对市区路名进行规范。1945年12月22日《益世报》登载《津市府拟改租界名称》,文中写道:

> 津市府为扫清敌伪街路名称,彻底规定新名起见,曾令工务局计划推进,该局大致计划就绪。为征求各方意见,以资参考计,特于二十一日下午在市府会议室约请本市士绅陈锡三、徐瑞夫、地政局局长(时为吴惠和)、卫生局局长(时为陆涤寰)、刘参事及社、教、警各局代表出席,商讨二小时许方散。
>
> 据悉,津市街路名称将采用地名人名制度(用人名命名地名——引者注),原有市区尽量采用旧名,旧租界区大部改称。例如:大经路拟改称中山路,旭街拟改称罗斯福街(自东南角至旧法界二十一号路泉祥鸿记),旧英界花园拟改称中正公园,旧法界花园拟改称罗斯福公园,达文波路拟改称杜鲁门路,旧英法中街拟改称中正路,旧法界四号路、二十六号路拟改称林森路,金汤五路拟改称胜利路,旧日本桥拟改称胜利桥,旧日本花园拟改称胜利公园,沿河西岸由金钢桥至万国桥河岸,拟改称自忠路。后经青年会杨肖彭提议:伦敦路为津市模范美丽道路,应冠以较美丽名称,可称为美龄路;伦敦路西口土山花园可改称美龄公园;佟楼木桥可改称美龄桥云。

1945年12月22日的《大公报》也以《津市重定路名》为题对此进行了报道,内容与上文基本一致。

1946年初,天津市工务局将重新规定路名的方案递交市政府审议。1946年1月17日的《大公报》上发布《津市府昨市政会议确定中山、中正、林森等路名称》一文,通报了会议结果:

"津市府昨晨九时举行十六次市府会议,出席者张市长(张廷谔——引者注)、杜副市长(杜建时——引者注)及各处长等。议决事项如下:一、天津市政府考核委员会办事细则草案,照审查案修正通过。二、审查天津市重新规定各街道名称一案,除中山、中正、林森各路确定外,原草案交工务局修正公布,征求民意,再行决定……"

随后,1946年1月22日《益世报》发出《津变更路名》的声明,向社会各界宣布路名变更并征求意见:

天津市政府工务局为一新市民视听,特对变更路名,规定四项原则,并为采纳民意起见,特规定自即日起至二月十日止,凡市民对新路命名有意见者,可以书面向工务局提出。兹将四项原则志次:

1. 规定七条干路路名,定为:中山路(河北大经路);中正路(旧英法租界中街);林森路(旧日租界荣街、旧法租界二十七号路、旧英租界十七及四十号路);张自忠路(沿河马路自金钢桥至旧英法租界交界);台儿庄路(沿河马路自旧英法租界交界至小刘庄);罗斯福路(旧日租界旭街、旧法租界二十一号路);杜鲁门路(旧英租界十一号路)。

2. 城厢、河北、南市、西头和旧特二、三区各地路名,均恢复二十六年(即1937年——引者注)前旧名,惟黄师夫坟地大街、李纯坟地大街,应分别改称黄石大街、李地大街。

3. 旧意租界境内路名,均以含有新意义之名;旧英、法、日租界及旧特一区界内路名,除用人名者外,余均以省名、都市名称之。

4. 上述各旧租界及特一区境内路名字尾,有"道"、"路"之分,系区别经纬之意。其省名、都市名之道路,尽事实可能,按实地方位布置(如广东邻近广西),籍便寻觅。

至此,天津市道路改名一事才告一段落。其间,经历了以下三个程序:1945年12月21日,工务局召集各处关系方面开会征求意见;1946年1月16日,交市政府会议审议;1946年1月22日起,由工务局向社会公布方案并公开征求民意。以1926年2月10日为限,百姓如有意见,可书面提出。由此观之,当时在市政建设方面是非常重视听取民意的,很人性化。

1946年4月,天津市政府编印《天津市政统计及市况辑要》一书。书中列有《本市道路新旧名称对照表》,

万国桥桥头

其中包括"中正路"这一路名,并标注新路名的公布时间为1946年3月3日,但未提及"中正桥"被正式命名的时间。

天津市政当局决定将天津市内的部分重要街道改用人名命名之举,究其原因,是源于抗战胜利后为"一洗敌伪旧污"及租界痕迹,而在当时,"中正"一名自然受到追捧。根据1946年1月20日的《大公报》报道《浙参会请将奉化易名"中正县"》称:"浙省临参议会,决请将奉化改名'中正县',并指定为'宪政实施模范县',其等级亦予提高。"可见,更名为"中正",在当年已成为全国上下方兴未艾之事。

上述史料中提到过中正路、中正公园,唯独没有说中正桥。关于桥梁名称,只是在1945年12月22日《益世报》的《津市府拟改租界名称》中提到:"旧日本桥拟改称胜利桥。"很明显,本次是针对市内道路名称进行修改,桥梁还未在考虑之列。另外,文中还有一点值得注意:"旧英法中街拟改称中正路……沿河西岸由金钢桥至万国桥河岸,拟改称自忠路。"这一句话,能让人产生两种理解:其一,更名"中正路"在先,更名"中正桥"在后;另一,则是当时还处于工务局征求意见阶段,改名方案尚未实行,所以在行文中依然使用了旧名称。

但不管怎样,"万国桥"更名"中正桥"的时间,不会早于旧租界"中街"更名"中正路"的时间(1946年3月3日),这是可以肯定的。

天津图书馆藏有一份由邵越崇编绘、中国印刷公司于1946年12月出版的《最新天津市街图》。据图中标注,当时已为"中正桥"。此外,天津档案馆收藏一张题为《海河工程局为借用中正桥桥房暂作检疫注射站事致市卫生局》的公函,落款时间为1946年7月11日。从中可见,"中正桥"一名的使用,应是在1946年3月至7月之间的事,这也从一个侧面为确定"中正桥"的更名时间提供了佐证。

1949年1月15日,天津解放。随后的1月25日,天津市人民政府发出通告,变更市内少数道路、桥梁的名称。这次主要是针对国民党统治时期有特殊含义的地名。如:威尔逊路改为解

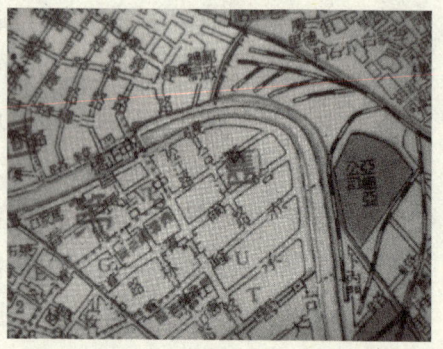

1946年12月由邵越崇编绘,中国印刷公司出版的《最新天津市街图》。此图中的标注即为"中正桥"

放南路、林森北路改为新华北路、林森南路改为新华南路、杜鲁门路改为建设路。其中就包括:将中正路改为解放北路、中正桥改为解放桥,中正公园改为解放公园。

1985年7月2日的《今晚报》上,刊登了著名编剧、导演黄宗江先生撰写的《我爱天津卫》。文中记述:"解放后不久,旧地重游,旧路新问。一老乡亲答曰:'您啦顺着这道走,前头就是法国桥,如今解放了,就叫解——放——桥!'他把这三字说得如此嘎嘣脆,充满感情,真叫我感到'解——放——了!'"此载,足见天津人对于解放桥这个名字的由衷喜爱。

对于这座大桥来说,各个时期的桥名都是不同时代的烙印,每个人对每个桥名又都有着各自不同的理解与感悟。正如莎士比亚所说,"一千个观众眼中有一千个哈姆雷特。"至于解放桥在您的心目中应该叫什么名字?您更喜欢叫它哪个名字?也许只有您自己才能说得清楚吧。站在我自己的角度来看,我既喜欢称它为"万国桥",也喜欢叫它"解放桥"。

架设浮桥 雏形开端
（1861—1904）

对于紫竹林一带的浮桥，笔者当下目力所及的最早记载，是在150年前的一份档案中。清咸丰十一年（1861）二月初十，天津道、府、县联名向总理衙门的禀报中称：

> "崇星使（崇厚——引者注）现议通商章程，系于拦港沙内及大沽口均设委员，坐乘行船来往梭巡，以防偷渡，即以紫竹林地方作为公所，其前搭盖浮桥，仿照南省水关形势。该英、法商船于港外起拨，载至紫竹林截止，即行卸货，不得潜逾。伏查英、法前勘定紫竹林一带地亩，原为修盖夷馆洋楼之用。现定章程，即于此处卸货归行，人船并聚，中外界清，立法实属至周且密，是以该国近日颇形悦服。"

这里所指的浮桥，即用锁链将木船连接，在水面一字排开，两岸加设跳板，供车马往来通行。崇厚此举主要是为了让外国人的船舶停靠在紫竹林的租界一带，而不可沿海河上溯至老城区。可见，当时对于洋人通商津门，官方颇为忌惮。

国家图书馆藏有一张清光绪十四年（1888）《天津城至紫竹林图》。该图是在署理津海关道刘含芳的主持下，由旅顺绘事教习、候选县丞陈文琪带领学生用西法测量、绘制的。这是迄今为止发现的由中国测绘人员使用近代测量技术绘制的第一幅天津地图。在图中今解放桥附近的位置上，标有"摆渡口"字样。显然，早在1888年以前，此地已是海河上的一处重要渡口了。

由于浮桥的材料简陋、搭建便捷，所以，可根据需要，随时移动浮桥的位置。随着老龙头火车站的建成，浮桥的位置基本固定下来。

1909年9月，由侵华日军中国驻屯军司令部编写的《天津志》在日本出版发行。据书中的《市内的道路、桥梁及填平工程》介绍："万国桥架设在法租界向老龙头火车站（俄租界）的通路上的海河上面。是有开关的铁桥。系光绪二十八年（1902年）十二月建造。此地原有成为老龙头浮桥的船桥，在架设铁桥的同时被拆掉。"

1933年定稿的《天津政俗沿革记》卷二《河渠》中，也有相关记载："京奉老车站址曰'老龙头'，旧有浮桥，现划归租界，改制铁桥……"

上为庚子事变后外国人利用热气球俯拍的老龙头浮桥照片

下为用"Google Earth"软件显示的现今解放桥一带景象

清光绪二十八年(1902),由日本大阪制本印刷株式会社印制的《清国天津新地图》为判断浮桥位置提供了更准确的依据。在图中,有对浮桥具体地点的标注。据此可以肯定,其具体方位就在今解放桥下游不远处。

　　另,在1900年庚子事变后由外国人利用热气球俯拍天津的老照片中,也可以清晰地看到浮桥的身影。根据海河河道的轮廓,可以判断出当年浮桥的位置就在今天津湾广场的附近。

建设铁桥 半途而废
(1888—1889)

铁桥夭折 功亏一篑

在今解放桥不远处,一百多年前曾出现过一座未建成即被拆除的铁桥。可能是没能竣工的缘故,所以在史籍文献中一直查不到它的名字。也许是根本还没来得及命名,就已经消失了。改革开放以来,各种文章对该桥鲜有提及。它似乎犹如天边的流星,只留下一道美妙光影,便悄然沉寂在苍茫夜空中。然而若用时代大背景的视角去分析,从诞生到夭折,铁桥短暂存世的过程又恰好是那个动荡年代中社会深刻变革的历史缩影。

《Tientsin: An Illustrated Outline History》(《天津插图本史纲》)里对此桥有过描述:"1888年天津铁路通车之后,铁路公司着手修建一座跨过海河的高大的铁拱桥以连接租界与天津东站,或称'租界'车站。这座铁桥最初决定建在英法租界的交界处,但是法国当局以这将会妨碍法国炮艇驶抵法租界码头为理由而反对在那儿修建。后来又决定在法国租界上游修建,但是又遭到中国人的反对,最终选择了现在的万国桥以下大约 150 码这样一个折中的地点修建。"

按照今天通用长度单位换算,1 码等于 3 英尺,即 0.9144 米。这样算来,150 码也就是不到 150 米。可见这座铁桥距离老万国桥(1904—1928)是很近的。还有一点值得注意,那就是它与中国早期铁路之一的"津通铁路"有着密不可分的联系。同时,中国铁路史上的第二次大论战也对此桥的命运产生了至关重要的影响。

这就要从我国早期铁路发展史说起。中国人自建的第一条铁路——"唐胥铁路"于 1881 年建成后,直隶总督兼北洋大臣李鸿章鉴于长距离、大范围兴修铁路的资金难以保证,决定缩小筑路规模。他计划在唐胥铁路的基础上,逐年修建,稳步推进,从而形成北至山海关、南至天津的铁路网。该方案的优点是全线位于直隶省境内,而分段兴修,工程小、集资易、见效快,既有利于巩固北洋防卫,又可促进开平煤矿开发。

1886 年,李鸿章组建开平铁路公司,由该公司购买原属开平煤矿的唐胥铁路,并将铁路从胥各庄修至芦台。这段铁路于 1887 年建成后,又续修至天津,并于 1888 年通车,即"唐津铁路"。按照计划,下一步将是铺设从天津到通州的铁路,史称"津通铁路"。1888 年冬,李鸿章通过海军衙门奏请建设津通铁路,清廷表示同意。连接法租界与天津东站的跨河铁桥,正是本次工程的一部分。

因循守旧的顽固派借此机会一触即发,从而爆发了中国铁路史上的第二次大论战。其间众多反对者群起攻之。言辞激烈者,如,国子监祭酒盛昱、山西道监察御史屠仁守、河南道监察御史余联沅、户部给事中洪良品、礼部尚书奎润、仓场侍郎游百川、内阁学士文治、户部尚书翁同龢、体仁阁大学士徐桐等。

此前的第一次论战时,是针对兴修铁路的利弊的空谈,尚须实践检验。而本次论战,唐山到天津的铁路已经通车,其优越性有目共睹。洋务派足以用事实来辩驳顽固派的陈词滥调,也最终确定了发展铁路为"自强要策"。可惜的是,慈禧太后为牵制北洋势力的扩张,采纳了张之洞的建议,修筑卢沟桥到汉口的"卢汉铁路",使津通铁路最终流产,这座已跨越海河并且即将完工的大桥,也只能半途而废。

建桥通航 两不相扰

大桥动工伊始,各船户就声称建桥有碍通航。事情很快传到李鸿章耳朵里。他对此颇为关心,并于1889年3月10日给时任天津海关税务司的德璀琳致信商议对策。在《李鸿章为法租界河心铁桥保航运事札德璀琳》中记载:"现在铁路公司新建紫竹林法租界河心之铁桥,据江浙沙宁船商及长芦盐商各禀称:桥孔只有两道,北边流急,南边淤浅,恐碍行驶,请设法保护利运。"

当时德璀琳认为,建桥工程已经展开。假如停止施工,拆除大桥,至少需要6个月时间。此外,拆桥时工人聚集桥下施工,势必影响船只往来。因此,最好的办法是在附近添设小火轮,用其为漕船指引航向、拖带护航。以避免船只与桥梁发生碰撞。同时,可选派熟悉水性、了解地形的官兵在此值

德璀琳像

守,以确保安全。此外,德璀琳还向李鸿章推荐了合适的人选:"拟请派前管带'伏波'兵船、已革游击吕文经驻扎该桥,认真照料,带同沽坞熟悉船只、出入坞门之水手二名,并雇舢板一、二号来往查督,以专责成。所需费用,每月约一百两等情前来。查吕文经久在江海港汊使船,熟悉机宜形势,据其面禀,往驻照料,可保沙宁船过桥无阻。"

李鸿章对德璀琳的建议很是赞同,并照此办理。几天之后,1889年4月18日的《申报》上发表《桥工水手》介绍了造桥过程中为保证通航采取的应对措施,与上述德璀琳的建议如出一辙:

> 铁路公司新建桥梁,江浙沙船停顿不前,由傅相(李鸿章——引者注)委令中西各员勘验保全桥工。仍恐沙船或有不虞,酌派小轮船带入海河,遵章归上下水次停泊。现于初五日起至初九日止,由小轮船带泊沙船计四十余艘,一律平安无恙。于桥工有益,于沙船无损。所谓一举而两善备也。不谓舵人等,于初十日猝议更张,希图挟制,声请公司保险,方允由小轮船拖带。其所保者,不知系钱银、抑系性命。

> 奉委办理是事之吕伟堂参戎(吕文经,字纬堂,时为参将。明清的武官参将,俗称参戎——引者注)谓汝,过黑水洋(黄海——引者注)尚不畏葸,何独于内河?一衣带水,有轮船拖带,请索保险耶?议迄不成,停止一日,至十一日拖带如前。参戎以人心不同,有如其面。于是逐船派一舵工代为司舵,是日又带船七艘,并雇水手四名,给以号,衣名曰:'桥工水手',以供驱策。晚间于桥旁张灯,俾

知趋向。吕参戎与税务司德君(德璀琳——引者注)委派之西人,昕夕在工,劳瘁不辞。转瞬,漕务报竣,桥工告成,当颂傅相之知人善任,并权使与参戎实力奉行也。

可见,在此事的处理上,李鸿章基本采纳了德璀琳的方案。事实证明,铁桥的修筑并未妨碍江浙沙船、盐船和海运粮船的正常通行。小火轮拖带的方法为往来船只提供了必要的安全保障。

吕文经(1838—1908)曾任福建水师"伏波号"炮舰管带。在1884年爆发的中法马江海战(又称马尾海战)中,福建水师惨败,吕文经亦受牵连。民国《厦门市志》记载:"马江失守,当局不谙军情,贻误大计,而委咎于群下,经(吕文经——引者注)受'中炮先退'之诬,奉命革职,发往军台效力。"但李鸿章对其赏识有加,称之为"不可多得之才",遂被李鸿章招至天津水师营务处从事翻译英文、绘制海图等工作。吕文经素以"熟悉海道、善操西语"著称,对于海河河道更是了如指掌,其安排司舵和"桥工水手"引领导航船只之举,考虑周全、处理得当。可惜,吕文经的果敢和胆识并未改变铁桥的命运。

附录：

李鸿章为法租界河心铁桥保航运事札德璀琳(1889年3月10日)

为札饬事。现在铁路公司新建紫竹林法租界河心之铁桥，据江浙沙宁船商及长芦盐商各禀称：桥孔只有两道，北边流急，南边淤浅，恐碍行驶，请设法保护利运，等情。当饬天津道、津海关道会同筹度妥办。并据德税务司禀称：履勘该处桥桩即使拆拔，总须六个月之久。而拔桩之船只、人夫，雍遏河道，转误粮运。刻下，宜另筹救急之法。该公司所备漕船、过桥之木桩、绞关绳索，已遏十分之八，只须再添护桥木板，约十二天可一律办齐。漕船及盐货重大船只，再有小轮船拖带，均可上驶无虞，但粮船眷舵不可故意相碰，拟请派前管带"伏波"兵船、已革游击吕文经驻扎该桥，认真照料，带同沽坞熟悉船只、出入坞门之水手二名，并雇舢板一、二号来往查督，以专责成。所需费用，每月约一百两等情前来。查吕文经久在江海港汊使船，熟悉机宜形势，据其面禀，往驻照料，可保沙宁船过桥无阻。应饬天津胡道、津海关刘道，各派明白耐劳之弁，大沽船坞派熟悉水手二名，交吕文经差遣。由该道等随时前往、督同吕文经认真妥办。铁路公司伍道、杨道等赶办绳索、护板等件，代雇小轮船，代赁住房，月给经费银一百两，交吕文经督率布置，务使粮盐各船挨次上驶，漕船回空，疏通无滞。设有疏虞迟误，实惟吕文经是问。仍由苏浙粮道傅谕宁船户，于过桥时，各自小心把舵，勿得故意相碰。其有与税务司理船厅交涉之处，随时由吕文经妥商办理，除分行外，合行札饬，札到该税务司，即便查照。此札。右札津海关德税务司。准此。

（天津市档案馆、天津海关编译：《津海关秘档解译——天津近代历史记录》，中国海关出版社，2006年出版，第160—161页。）

无可奈何 下令拆桥

根据前文所述,铁桥修筑并未妨碍船只往来。用火轮拖带、雇桥工水手等办法更能确保正常通航。谁料好景不长,仅仅几天之后,事态便急转直下。1889年4月26日,《申报》刊登出《铁桥拆毁》的消息:

> 天津铁路公司新建铁桥,江浙沙船以为未便等情节,经列报。嗣因盐船人等亦向督辕具禀,恳请拆毁,傅相当即批驳未允。比江苏粮道景观察抵津,该耆舵等复禀前由。观察具禀傅相,傅相示期于十八日驰往踏勘。观察及公司总办如期恭候。傅相勘毕,候核施行。盖傅相之于该桥,原欲克全终始。复经景观察谓:桥工之成否,无足重轻;粮米系天庾正供,设有不虞,所关非小。傅相一秉大工,并无适莫,随允罢工,并将全桥一律拆毕。

李鸿章像

1889年5月9日,在李鸿章发给其幕僚潘骏德的电报中也印证了此事:

接初七日(即1889年5月6日——引者注)函,邸函询铁桥事。去秋,周臬司等会勘,铁路公司拟自筹款造铁桥,在紫竹林法租界,以便运货。经中外商定动工。今春,粮船北来,该公司雇小轮拖带过桥,粮道力言不便,坚请拆除。现正设法拔桩,另筹变通妥法。祈转禀。(据顾廷龙、叶亚廉主编:《李鸿章全集(二)·电稿二》,上海人民出版社于1986年版)

从电报稿中,似乎能看出李鸿章这位清末股肱之臣的些许无奈。英国人肯德(P.H.Kent)在其所著《中国铁路发展史》中,对此事有过较为深入的分析:

另一件事必须加以叙述的,那就是顽固派在牵涉到"白河铁桥"的事件上,又获得了另一次的成功。这座桥本来要把天津的白河南岸和外国租界跟白河北岸的铁路终点联结起来的。

1889年,一帮以若干痛恨铁路的高级官员为首的党徒,决定鼓励船民搞一次风潮。这些船民本来非常高兴乘机闹事,来表示他们的权利。这次发生的骚动非常厉害,虽然数以百计的大帆船已经安全地通过桥下、驶抵城边,总督(李鸿章——引者注)最后还是下令拆毁接近竣工的铁桥。铁路公司拒绝拆除。这些反对派的官员不得不从各个兵工厂中调来人员和必需的拆桥工具。

文中所说的"白河铁桥"正是指此桥。在当年的技术条件下,对如此坚固的桥梁,又怎能拆得彻底呢?按照《Tientsin: An Illustrated Outline History》(《天津插图本史纲》)所说:

> 这座半途而废的桥梁的石墩,到今天(1925年,本书出版时——引者注)还依然存在,可以在海河左岸万国桥以东150码左右的地方找到它。

在《中国铁路发展史》中,还可以读到对这一事件较为客观公允的评价:

《Tientsin: An Illustrated Outline History》(《天津插图本史纲》)中提到的大桥遗址留下唯一标志的大石墩

> 那些大石墩是现在唯一留下的大桥遗址的标志,它们是阴谋和猜忌的'纪念碑',是中国进步道路上的真正的障碍物。没有比这更好的例子来说明那重重的困难了。有些人意欲改革中国,可是即使在前所未有的、最没有成见和最有权势的总督(李鸿章——引者注)领导之下,根据他的急速的筑路的愿望,在他们的前进道路上仍然遭到了如许的阻挠。

拆除铁桥 功败垂成

一座铁桥,建得如此艰难,拆得又百般麻烦。

1889年4月26日,《申报》发表的《铁桥拆毁》一文中,就为拆桥工作预测了可能碰到的困难:

(拆除铁桥)已于二十日起,雇备盐船设法拔起桥椿矣。按:该桥木椿入土约二丈有零,若以机器去之,尚非难事。惟有铁筒四具,每入木椿七根,入土同前,而铁筒入土亦复丈许。筒系中空,大可合抱,车水使乾,实以洋坭与及灰石两筒,布置已毕,坚如铁铸。两虽未实洋坭、沙石,惟欲举重若轻,恐非旦夕事。噫!事多掣肘,功败垂成,不殊可惜乎?

至5月7日,《申报》跟踪报道工程进度,以《拆桥匪易》为题,其难度就可想而知了:"天津拆卸铁桥经列前报。桥椿计共五十四根,每根入土约二丈有零。河底尽系焦泥,如针芥相投,不容摆脱。"最初设计的拆桥方案是:"由制造局工匠设法选用金山硬木夹缚桥椿,驾以盐船。水长船高,椿当拔起。"可惜桥桩远比预想的坚固。"讵桥巩固,初用硬木两根,砉然(形容剧烈的折断声——引者注)中断,桥椿不动分毫。加至硬木四根,济以人工。从上月二十日起至二十七日止,经阅八日,计起桥椿一根,仍未得半。于是议将该椿截断一条,呈明天津道、宪再候核夺。现在,仍法外设法,逐日什工但不知何时方能竣事耳?"

5月18日,《申报》再次对拆桥予以关注,刊发题为《拆桥纪闻》

的报道,文中写道:

> 铁路公司新建桥梁拆毁情形迭列前报。兹闻从三月二十日起至廿九日,由制造局工匠奏手只起木椿一根。天津道胡观察恐惧漕务,深以旷日持久为虑。三十日改由大沽李某假用唐山机器,济以人力设法动工,由观察在场督率,是日又起木椿一根,以为以后当迎刃而解。讵事机不顺,翌日起重之铁练截然中断,嗣经法外设法。天津道胡观察及津海关道刘观察、长芦盐运使司额都转连日到场督率,至初八日又起木椿五根。大约最速需三阅月,始得全椿尽起。其铁椿四具更不知若何费力?

面对此状,《拆桥纪闻》的作者不禁感慨:"天下事大抵缔造称难,毁弃极易何?此桥成之固难而毁之亦不易耶。事败垂成,殊堪痛!"

废弃残骸 难觅出路

1888年,这座还未建成即被拆除的铁桥,作为津通铁路的重要节点,集中体现了当时各方势力对铁路的态度,甚至可以说是清末中国铁路近代化过程中的真实写照。

对于津通铁路的争论,参加人数之多,谏阻之烈,规模空前。针对海河上这座铁桥的去留,便是双方争执不下的焦点之一。虽然数以百计的大船早已从桥下安全驶过,但在幕后势力的操纵下,痛恨铁路的官僚们鼓动船民闹事,直接导致了大桥的最终拆除。

这也就引出了另一个问题，津通铁路的论战是一场纯粹意义上的有关铁路问题的争论吗？肯德（P.H.Kent）在《中国铁路发展史》中就曾提出过这个问题："值得怀疑的是，这班顽固分子究竟是不是不管他们自己，只是诚心诚意地为别人的利害关系着想，还是在煽动群众的情绪，以便达到他们自己不可告人的目的？"作者随即分析说："这个运动的领导者为郑亲王（应为惇亲王，爱新觉罗·奕誴——引者注），人称之为'五王爷'，和他一起的还有那些热衷于靠河运运粮至通州发财的人。他们认为，铁路将成为河运的竞争者。还有一件事也必须注意，那就是这批这样组织起来的党徒中，包括在政治上或私人意见上反对李鸿章的人，他们热切地希望抓住这个机会，企图同时破坏李鸿章的筑路政策和他个人。"

当然，在后来的研究中，对于反对派领导者究竟是谁的问题，也产生过诸多争议。不过应该肯定的是，各方因循守旧势力在共同利益的驱使下，结为盟友，计划大兴铁路的李鸿章毫无疑问地成为了他们的对立面。因此，这位洋务领袖也曾多次感叹"日在谣琢之中"。

就是在如此不利的局面下，李鸿章依旧在为拆下的铁桥构件不遗余力寻找出路。1890年，在京郊筹建长春铁桥时，"海署"曾致函李鸿章说：

> 长春桥向系板桥，河西军民重载车辆必经此桥。翠华经过，临时撤去板桥，诸多不便。天津铁路公司上年拆弃铁桥物料可用，令将所拆铁桥丈尺开单寄呈，与长春桥比较。如可移设，庶几一劳永逸。将来开工，由该铁路公司拨人来京办理。经费准其开销。

李鸿章收函后,即令铁路公司"妥细核明",不久,铁路公司禀称:

> 上年拆卸铁桥原系转桥式样,设在天津东门外紫竹林地方,河面约宽数十丈,桥宽过之;河身约深三丈,桥高过之。造桥时力求坚固,故拆桥时甚属费手,不得不火熔锥斫,铁料具在,均多摧折,欲以现存之料移设新桥,不能如式;或熔炼改造,亦难坚致,且改造之费较之另购所差无几,似需先看地势,酌定桥样,购料运造较有把握。

李鸿章对此仍放心不下,还从铁路公司商董中挑选稍识制造工程之候选县丞项明鉴,令其晋京阅看,并派差弁李桢带领前往。项明鉴等人查看的结果是,"河面不甚宽广,造桥工料各费所需无多。"至此,铁桥拆除后的残存构件也没寻找到新的用武之地。

可是,"野火烧不尽,春风吹又生"。狭隘与偏见不可能阻碍历史发展的潮流。虽然拆毁铁桥的材料最终未能派上用场,但就在其原址不远处,仅过了十余年时间,就诞生了开启式铁桥。这也许正彰显着天津曾作为清末洋务中心的生机与活力。同时也表明,李鸿章当年修造铁桥时的选址是正确的。

老万国桥 风云际会
（1904—1928）

首倡之人 将军华伦

身处和平年代，解放桥始终扮演着交通枢纽的角色。不过，有意思的是，一百多年前，列强铁蹄肆意践踏神州大地之时，在此地建桥，更多的考虑则是军事需要。

在《八国联军占领实录——天津临时政府会议纪要》中，1901年6月12日《第156次会议纪要》上第一次提到要在火车站附近修筑铁桥，记录如下：

> 华伦将军请本委员会提供资金，修建一座铁桥，将"火车站街"与通往火车站的道路连接起来。他指出，这也是出于军事上的需要，铁桥将两岸连接起来，战争期间有利于防守，平时也便利日常交通。
>
> 本委员会在复函中表示，(修建)该桥的确非常必要，

愿意承担修建费用。海河从未划归外国租界,临时政府也有义务修桥并支付运行费用。

这里所说的铁桥,就是竣工于1904年的老万国桥(1904—1928)。此外,这段资料中,有一个名字值得关注,那就是侵华法军中的"华伦"将军(Emile—Jean—François—Régis Voyron,1838—1921),其名也被译作"瓦隆"。

华伦生于1838年8月5日,1858年进入法国圣西尔军校学习,毕业后被分配到法国的殖民部队——海军陆战队第一兵团,任少尉。他一生参加过普法战争、八国联军侵华战争等大小21次战役。

华伦将军像

苏位智先生在《八国联军统帅及各国司令官史实补正》中,对侵华的法国远征军总司令任职情况做过考证。先后有3人担任过此职务,分别是:库尔若利、福里和华伦。在八国联军武装侵华的前期,法军最高司令官是库尔若利海军准将。他指挥军队参加了攻打大沽炮台和天津城区的战役。随后,他把职务移交给陆军少将福里。1900年9月22日,华伦以陆军少将身份接替福里,出任法军总指挥。他所辖的华伦军团接受八国联军总司令瓦德西的统一指挥。他组织侵华法军参加了争夺山海关、南侵保定、进扰山西、兵逼山东等扩大侵华战果的军事行动。1901年8月,华伦离开北京回国。

根据会议纪要内容分析,行伍出身的侵华分子华伦将军是最早提出建桥设想的人。当时,他主要侧重于战争方面的考虑。因为,在庚子年间八国联军攻打天津的战斗中,紫竹林与老龙头一带,义和团与清军相互配合对列强进行了顽强抵抗,让侵略者损失惨重,所以他们一直心有余悸。该建议一经提出,就得到了"天津临时政府委员会"的支持。"天津临时政府委员会"复函表示愿意承担建桥和运行的费用。建桥之事便有了眉目。应该说,《八国联军占领实录——天津临时政府会议纪要》中,详实地记录了当时列强在天津的活动,具有权威性。由此可以肯定,法国远征军总指挥华伦将军是提议修造老万国桥(1904—1928)的第一人。

工程建造 法商垄断

解放桥是否同巴黎的埃菲尔铁塔一样,出自法国建筑设计大师亚历山大·居斯塔夫·埃菲尔之手?这也许只是一个广为流传的轶闻。

当人们兴致勃勃地讨论是谁设计了解放桥之时,可能忽略了另一个问题。解放桥前身的老万国桥(1904—1928),其实与埃菲尔

Fives 公司承建的老万国桥(1904—1928)

铁塔有着千丝万缕的联系。当在互联网上输入老万国桥（1904—1928）的承包商"Compagnie de Fives Lille"的名字，进行搜索时，其一连串工程业绩实在令人肃然起敬，如：世界上第一辆蒸汽机车和第一条蒸汽铁路、巴黎塞纳河上的亚历山大三世桥、奥赛火车站的钢结构框架、埃菲尔铁塔的观光电梯等等。这些举世闻名的建筑艺术品，都是由这家公司一手创作的。那么，究竟这是一家怎样的公司呢？

Fives公司承建的亚历山大三世桥

Fives公司承建的奥赛火车站内部

首先要从它的名字说起。多年来，国内著述多将"Compagnie de Fives Lille"译作"费福林"公司。这主要是从"Fives Lille"的音译而来。而在《八国联军占领实录——天津临时政府会议纪要》一书中，又将其写为"里尔第五公司"，则主要是源于译者对"Fives Lille"一词的个人理解。

如果将"Compagnie de Fives Lille"这一法语词汇拆解开来，逐字逐意去分析的话。"Compagnie"意为公司；"de"连接两个名词，无意义；"Fives"是法国里尔一个郊区的名称；"Lille"为法国里尔市。这里需要注意一点，"Fives"在此处只是里尔市一个郊区的地名，除此以外，别无他意。许多人从拼写上很容易将其与英语中的"Five"（意为

Fives公司的施工车间

Fives公司标志

数字"5")联系起来,其实二者之间没有任何关系。

该公司的创建时间可以追溯到1861年,最初的名字为"Parent—Schaken—Caillet et Cie",专门从事蒸汽机车的制造。因为工厂位于法国里尔的"Fives"地区,所以,在1865年又被命名为"Compagnie de Fives Lille"。难能可贵的是,此公司历经200余年的历史变迁,在多次兼并重组与优化整合后,一直延续至今,并始终在世界工程业中扮演着重要角色。同时,"Fives"仍然被作为品牌标志承袭下来。如今,该公司的英文名称为"Fives",其官方发布的中文译名为"法孚"集团(在法语中,对于"Fives"中的最后一个字母"s"不发音)。那么,1900年前后,该公司的中文译名是否为"费福林",这尚需考证。因此,本文以下内容仍使用其法文名称。

1901年,当八国联军占领天津时,法国远征军总指挥华伦将军最先提出了修建铁桥的设想,并得到"天津临时政府委员会"的支持,双方一拍即合。随后,他便将此事移交给法国领事办理。这在1901年6月21日,天津临时政府的《第160次会议纪要》中有所提及:

华伦将军感谢本委员会本月 12 日（1901 年 6 月 12 日——引者注）去信表示同意在火车站附近建桥。他声明，他目前已将该事务移交给法国领事。

在法国领事介入后，提出的第一个要求，就是铁桥的建设工程必须由"Compagnie de Fives Lille"承担。这种指定承包商的做法当然不能得到"天津临时政府委员会"的认可。1901 年 6 月 24 日的《第 161 次会议纪要》中这样写道：

法国领事就车站附近建桥一事致函本委员会，提出如果不把该桥交给 Compagnie de Fives Lille 公司承建，他则对建桥一事采取保留态度。

本委员会答复，不能只照顾某一公司而不考虑他人。桥梁规划要经各国领事审查后才能公布，如果法国领事坚持上述意见，希望他在规定时间内通知本委员会。

法国领事见自己的要求得不到满足，态度立刻变得强硬起来。"天津临时政府委员会"对此也无计可施，只得把信件抄送给华伦将军求援。正所谓"解铃还需系铃人"。经过华伦将军从中斡旋，"天津临时政府委员会"最终采纳了法国领事的提议并制定了一系列限制举措。这些内容，在 1901 年 6 月 26 日《第 162 次会议纪要》至 1901 年 7 月 12 日《第 170 次会议纪要》中有多处记载：

《第 162 次会议纪要》（1901 年 6 月 26 日）：

法国领事答复本委员会本月 26 日（1901 年 6 月

26日——引者注)去信,声明反对修建一端要建在法租界的桥梁。本委员会将该信抄寄华伦将军,指出法国领事的态度妨碍了本委员会推进这项必要的工程。

《第165次会议纪要》(1901年7月1日):

华伦将军致函本委员会,表示希望能与法国领事就车站附近建桥问题达成协议。

《第169次会议纪要》(原文未标开会日期,根据文中内容推断,此次会议召开日期应为1901年7月10日):

法国领事的来信,针对修建连接车站与法租界的桥梁问题上存在的困难,提出一些建议。

《第170次会议纪要》(1901年7月12日):

本委员会审阅了法国领事有关建桥问题的来信,决定采纳法国领事的提议并制定以下条款:
(1)同意每月付给德华银行10000元直至交付总款额达到64000元为止,作为临时政府对修建桥梁的分担额。
(2)建桥条件经双方批准。
(3)图纸经双方批准。
(4)桥梁将永远作为一座国际桥梁对中外一切人士开放,并将被命名为"国际桥"。

(5) 法国工部局可以与它认为有能力承包这项工程的公司签订合同。

(6) 如果临时政府解散,尚未交付的后几个月的分担额应一次付清。

(7) 如果临时政府解散,为维护各国的利益,此桥将交给法租界。

(8) 在临时政府执政期间,该政府将负责桥的保养及运行。

将上述条款及修建桥梁的条件一并通知法国领事。

此后,"天津临时政府"于 1902 年 6 月 3 日与"Compagnie de Fives Lille"正式签署老万国桥(1904—1928)的工程合同。为慎重起见,"天津临时政府"特聘科·雅多洋行(MMrs Coa et Jadot)作为权威机构来审查桥梁设计方案。同时,还邀请了来自铁路公司的金达(Kinder Claude William, 1852—1936)、考克斯等业内知名工程师作为顾问,对建设方案给予技术支持。由此,桥梁修筑工作着手展开。

在建桥初期,为何法国领事要如此坚决地向"天津临时政府"指定"Compagnie de Fives Lille"为本工程的承建方?这实在让人费解。是考虑到法国企业的自身利益?还是折服于该公司的实力和声誉?或是有其他不可告人的秘密?这些都在历史上留下了耐人寻味的谜团。

老万国桥 落成典礼

老万国桥(1904—1928)的竣工通车典礼于 1904 年 1 月 9 日举行,当时的津沽,虽然金华桥、金钢桥等开启式铁桥已经建成,不过开启桥对老百姓来说,尚属稀罕之物,自然引来社会各界的普遍关注。

当天(1904年1月9日)的《大公报》就以《庆贺铁桥》为题发布简讯:"本日午后三点钟,'法国'庆贺新修铁桥。届时必有一番热闹,俟明日续志。"这样的报道,很能吊起读者胃口,有些打广告的意味。既吸引公众瞩目,又增加报纸销售量,可谓一箭双雕。

次日(1904年1月10日),《大公报》兑现之前承诺,进行后续报道。《贺桥志盛》一文介绍了竣工典礼的现场盛况。当天的大桥张灯结彩,"于桥之灯杆上插以各国旗帜"。庆典于1月9日下午3点举行,"二点余钟时,法国驻京钦使、参赞及驻津文武各官齐集,各国官亦先后来贺。中国官除袁宫保因风未到,及府宪因公未到外,其余自海关道以下各官皆到。"

在"九河下梢"的天津,修筑桥梁是极为重要的市政工程,落成庆典上理应有重要人物参加。并且,在不久之前的1903年11月28日,时任直隶总督兼北洋大臣的袁世凯还亲自验收了坐落于其衙门前的金钢桥。此次"袁宫保因风未到,及府宪因公未到"之说,似为外交辞令。缘何袁世凯未能捧场?大概是因该桥地处租界内,加之总督出巡,仪仗多、排场大,出入租界颇多不便。然而,老谋深算的袁世凯又不愿公开得罪法国当局,虚与委蛇,佯称到会庆贺。实际上,届时只派经常与

老万国桥(1904—1928)

外国人打交道的津海关道出面支应。

现场有法租界某乐团和马队助兴。"法国乐队连作乐三、四次。旋有法国马队十数人骑马、背枪至,内有马队二人持刀、骑马、背枪,面桥而立。"典礼采用西式礼节,"用黄绫一幅横拦桥头……三点余钟时,中外各国官及各国商民等皆集于桥头,将黄绫解开,在桥上走过。此时鼓乐齐鸣,中外国人拍照者甚多。"随即鞭炮响起,以示庆贺。爆竹声与乐曲声杂糅其间,甚是热闹,似乎也预示着中西文化在桥头的交汇与融合。

此桥为平转式开启桥,"中间一段可以转开,横于河心,以便带桅之船行过。此时,各国官商男女等约二百余人行至桥之中段,用二人将桥转开。桥上之人如坐行船。""末后,将一十吨重之轧道汽碾,由桥上走过、复回",用以检验大桥建筑质量。同时《大公报》还评论道:"闻此桥异常坚固,为法人承修共费五十万佛郎。其桥下之座系用塞门德土所筑,从河底六丈余深筑起,故其桥能经久不坏

开启中的老万国桥(1904—1928)

云。"这里提及的"赛门德土",是"cement"一词的音译,就是现今所说的水泥。可见此桥品质过硬、坚固异常。

老万国桥(1904—1928)的诞生,标志着紫竹林地区告别浮桥,进入铁桥时代。掐指算来,当时距今已整整一百一十年。沧海桑田,弹指一挥间。如今,我们唯有通过尘封的史料,才能唤醒沉睡已久的往事。

电车过桥 花钱买路

公交百年,天津肇始。1906年2月16日,有轨电车在天津正式开通,这是中国的第一条电车线路。因此,这一天也被定为中国城市公共交通事业的起点。

早在清光绪十六年十月十四日(1890年11月24日),薛福成在游历英、法、意、比四国的旅途中撰写《出使四国日记》时,就曾记载:

> 泰西各国,近于火车铁路之外,创行电车,近于通都大邑试办……是经费多寡与行之迟速,火车、电车约略相等,而清洁稳便则推电车。吾恐数十年后,各国之铁路火车,又将悉改为电车也。

光绪三十年三月十一日(1904年4月26日),比商天津电车电灯公司与中国政府签订了《天津电车电灯公司合同》,垄断了天津的电车市场。身为直隶总督兼北洋大臣的袁世凯在递呈给光绪皇帝的奏折中禀道:"窃查欧美各国,通都大邑,电汽各车纵横驰骛,故能荟萃商旅,百货骈臻。"可见,其对发展电车是大力支持的。

老万国桥(1904—1928)上行驶的蓝牌电车

1906年,在天津旧城基址上修筑电车道,开通白牌电车。随后的1908年,多条线路相继通行。其中的蓝牌电车行驶路线是:自北大关,经东马路、日租界旭街、法租界梨栈大街,过万国桥,至老龙头火车站。

当时,正赶上老万国桥(1904—1928)为日常管理费的着落犯愁。该桥自1904年建成后,经领事团协商决定,由相关方面各自从桥梁上获得的收益,按照比例分摊管理养护费用。最终确定的份额为:俄租界25%、中国政府15%、英租界15%、铁路方面15%、法租界10%、日租界10%、德租界4%、意租界4%、奥租界1%、比租界1%。但是,此提议却遭到多方反对,分摊方案只执行了一年就不了了之。1905年的养护费由法国工部局全部承担,但这并非长久之计。刚巧赶上蓝牌电车在规划线路时,要借道老万国桥(1904—1928)通过海河。以此为由,法租界当局伙同天津当局与比商天津电车电灯公司达成协议,在让比商电车电灯公司交付一份"过桥费"的前提下,允许该公司的电车通过大桥。

1907年5月25日,津海关道代表天津当局与比商天津电车电灯公司正式订立了老万国桥(1904—1928)的管理合同。内容如下:

1.中国当局(万国桥桥主)授权于天津电车电灯公司负责该桥之正常运转和通行并予以良好之养护,其中包括定期之桥面翻新与油漆工程。

2.万国桥每年所需之修缮款项由下述各方分摊并交付电车电灯公司:

法国工部局:500美元;

俄国工部局:500美元;

津海关道:500银两。

该银两中包括前由中国北洋铁路分摊之款项。

3.所有重大维修:如由于磨损及事故所进行之机器主要部件之更换以及桥本身耗损所必须之修缮费用将由津海关道、法国工部局、俄国工部局及天津电车电灯公司共同摊负,每方分摊四分之一的修缮费用。

4.中国当局提供四名工人与电车电灯公司之工人协同桥务工作,中国当局须付给其提供工人之工资。

5.为便利公共交通,该桥在客车(火车)到达及离开天津租界车站时不得开桥。为此,该桥自客车到达前三十分钟起直至火车离站三十分钟后之时间内必须合桥。

6.每天每次开桥时间不得超过十五分钟,开桥时间由津海关道与天津电车电灯公司协同商定。此外,除本合同第五款制定之时间外,根据需要该桥尚可随时开启,以利轮船及拖船通行。

7. 乘船旅行的中国高级官吏享有随时命令守桥工人开桥以便船只通行之权利。经协议,开桥命令应以书面形式行之,以便守桥工人存证。

8. 来往行人、人力车、马车、大车、电车等均不予以收取费用。过往轮船与其他船只亦同。

9. 本合同在天津电车电灯公司于天津城及外国租界经营电车合同期满前有效

自此,比商天津电车电灯公司获得了老万国桥(1904—1928)的管理权。同时,也需要负责桥梁的正常运转和日常养护。在桥梁的修缮费用上,根据合同规定,由津海关道、法国工部局、俄国工部局及比商天津电车电灯公司共同摊付。

正如土匪、路霸口中振振有词的山歌一样:"此山是我开,此树是我栽,想从此路过,留下买路财。"正是由于老万国桥(1904—1928)的地理和交通优势,比商天津电车电灯公司被狠狠地敲了一笔竹杠。可以说是"电车桥上过,留下买路财"。

移建红桥 终未如愿

如今的海河水系上,还存有三座开启式铁桥,分别是:解放桥、金汤桥、大红桥。其中,当属大红桥与解放桥之间的距离最远。但谁又能想到,历史上,这二者之间还差点儿产生联系。沧海桑田、世事变迁,当年这一移桥事件的主人公,并不是我们今天看到的解放桥和大红桥,而是它们的"前世"——老大红桥(1887—1924)和老万国桥(1904—1928)。

老大红桥(1887—1924)

老大红桥建于清光绪十三年（1887），位于北运河与子牙河交汇处，结构为单孔拱式，桥身由四根拱肋组成空腹式拱架，两岸桥台用条石砌筑而成，民间俗称"大红桥"。1924年的洪涝给其带来灭顶之灾，大桥在洪水中彻底垮塌。为了方便两岸交通，只得在附近临时修建浮桥。

老万国桥(1904—1928)建于清光绪二十八年(1902)，光绪三十年(1904)竣工通车，为平转式开启桥。由于其既是连通法、俄、意三大租界的咽喉要道，又是通往火车站的必经之路。随着经济渐趋繁荣，交通压力与日俱增，该桥已显得过于狭窄。从1923年开始，列强就设想在此处筹建新桥。新桥于1927年10月18日落成。次日(10月19日)的《益世报》上就登出题为《新万国桥开幕盛况》的消息：

> 旧桥成立，已有二十余年，因桥身太窄，交通不便，故改建新桥。有人主张，新桥成立后，旧桥废止；又有人主张，移至墙子河；又有人主张，暂任其旧，两桥并存。大约以最后一派为最有力云。

1927年新万国桥建成后与老万国桥(1904—1928)并存

可见,对于旧桥的处置问题,该报记者是倾向于新、旧两桥并存的。事实上,在新桥建成后,两桥也确实并存过一段时间(1927—1928)。可是问题在于,新、老两桥紧邻,老桥平转式开启形成的河道空间远远小于新桥。如果老桥不拆,那新桥双叶立转式开启产生的140英尺航道,将变得毫无意义。因此,拆除老桥是无可争议、势在必行的。

其实,外国人早就为老桥的归宿做好了打算。在新桥还未建成的1927年6月23日,海河工程局秘书长甘博乐就在《为报告新万国桥财政情形致函津海关监督》(译文)中涉及此事:"桥工完竣之后,本局之意,尚须将旧桥拆毁,并移建于1924年全部为大水冲毁之红桥旧址以上之公益斗店前……"

《益世报》在1927年10月19日发布《新万国桥开幕盛况》后不久,似乎也察觉到文中的不妥之处,并于7天后纠正了自己的说法。

10月26日刊载的《旧万国桥行将迁移 移至大红桥原地》中就写道:

  自津埠二次发生水患后,河北大红桥即被冲刷沉没。嗣经八善堂等以该河为通堤头北乡要道,故修筑浮桥,藉以便利行人。兹因新万国桥业已工竣,拟将该旧桥移至大红桥原址,藉以便利车马行人。闻不日即行动工云。

  根据《海河工程局1929年报告书》的记载,旧桥桥身是于1928年11月30日完成拆卸的。随后,移除桥墩的工作又进行了两月有余。以后的一段时间内,关于该话题,各大媒体都鲜有提及,直到3年后的1930年8月16日,《益世报》以《大红桥将重建铁桥》为题对此事做了后续报道:

  大红桥铁桥自民国十三年(1924年——引者注)被大水冲毁后,暂时架设浮桥,每日开桥两次,车船行人,均感不便。去岁,市政当局曾会同海河工程局一度集议重修铁桥,以利交通,并就万国桥旧桥梁,移运大红桥旁准备

在1924年洪灾中被冲毁的大红桥

动工,迄未如议。市府以此事不容久事搁置,特训令工务局迅速会同关系机关,共同计划。原文略谓:查北大关河北大街至大红桥一带,为本市北部要道,商贾往来频仍。因于上年将各该处马路次第兴修,本年又复建筑码头,修理河岸,种种建筑,无非为本市繁荣计。惟查大红桥自民国十三年全部被大水冲毁以来,海河工程局曾有将拆卸万国旧桥移建大红桥之议。该项旧桥材料,现已大半运到河岸,但迟延至今,尚未着手举办。该处车船云集,现有浮桥,水陆交通,极感困难。为本市繁荣计,该桥亟应兴修。合行令仰该局遵照,会同有关系之机关,妥筹全部工程计划,呈候核夺。

文中可见市政府对重建大红桥的进度缓慢颇为不满,充满责备之意。其实,早在一年前,这种质疑之声就已此起彼伏。在1929年5月11日,由港务局、财政局、工务局三部门共同撰写的《会呈核议万国桥工程经费延长征收桥捐一案谨将派员澈查情形及会同拟具意见仰祈鉴核文》中就指出:

> 海河工程局对于万国桥工程全部计划,既不精确,手续尤多疏漏。在事职员又狃于专断,欺曚之习,任意处置……本市大红桥自民国十三年全部为大水冲毁以来,地方极感困难,商民渴望修复。殆如望岁而万国桥重建新桥,自十二年建议,十六年七月竣工,旧桥拆卸亦既数年。使海河当局稍有维护地方之意,则旧桥移建早已观成,何至迟延至今尚未着手举办耶?

其实，面对万国桥如此浩大的工程，作为全权负责单位，海河工程局早已深陷其中，而无暇他顾。1929年社会上又曝出建桥工程款暴涨的消息，使官方核查接踵而至，他们只得疲于应付。新大红桥的建造作为万国桥的后续工程，海河工程局根本没有精力予以关注。为此，文中对拖延已久的大红桥工程，也给出了切实可行的处理建议：

（甲）大红桥地方本不在海河范围以内，从前关于移建旧桥事项，由海河工程局筹议举办，原系代办性质。现市政府既设有专管机关，则移建旧桥一应事宜自不必再由该局代办。

（乙）海河工程局对于工程预算向不精确，所拟移桥费用数目，自难据以为准。且旧桥拆卸后废置过久，其中毁损之件必多应增工料，当亦非原估所及。所有移桥预算似由地方机关切实覆估庶较核实。

（丙）旧桥移建大红桥地方，既为现在重要必须之工程。欲使公款有着，则对于原征桥捐，应先尽数拨为移建桥工及连带关系工程，如桥墩河坝、拆房买地、修马路等项之用，并应组织大红桥工款保管委员会管理。

根据李吟秋于1935年发表的《天津市西河铁桥工程设计概要》（西河铁桥即大红桥）介绍：

天津市新万国桥建筑完成以后，海河工程局以废物利用起见，建议财政部将拆下之旧万国桥钢铁材料，重建于西河之上(重修大红桥)。所需工款,则遂援照修建新万国桥成案,由津海关税务司按照'值百抽五'进口税则所征税额,附征桥工附捐,以便应用。自民国二十一年十月间,继续征收西河桥工附捐,迄至二十二年五月间,捐款积有成数……

随着资金落实到位,河北省政府会同各相关单位,组建天津市西河建桥委员会,并于1933年7月正式成立。同时,从海河工程局手中接过了新大红桥

大红桥施工现场,位于道路中间者即为李吟秋

的建造权。该委员会中共有5位委员,分别是:河北省政府代表、建设厅技正吕金藻,天津市政府代表、技正李吟秋,津海关监督韩麟生,海河工程局代表穆乐(先系哈德尔),津海关税务司。有关记载云:"公推韩麟生为主席,李吟秋、吕金藻、穆乐为工程委员,负责工程事项之计划;韩麟生及津海关税务司为会计委员,负责动支款项事务。均为名誉职。"至此,新大红桥的建造才进入实质性阶段。

在委员会建成之前,造桥的前期工作已经逐步展开。1933年6月12日的《益世报》上一篇名为《大红桥左右建筑码头》的文章,就为读者披露了工程的最新进展:

重建大红桥问题,当局原拟将旧万国桥移装该处。旋

1937年建成通车的大红桥

以旧万国桥长度既不合适,桥孔亦有问题。况旧桥材料,大部分因用时已久,载重力大减,为除隐患起见,省市当局乃主张完全新建。经费问题,与津海关监督税务司、海河工程局、并航业公会、中外商会等先后商定,于津海关附征方满之海河吨捐(即俗名桥捐,为万国桥建筑经费),于今春继续援案征收,作为建造大红桥之用。并经津海关呈准财政部,但令饬于征收足敷筑桥所需时,随时停征,以轻中外航商之担负。迄今征存附捐,已颇可观,故当局对进行建桥工事,决积极办理。其图样及施工计划,早经拟定,闻一部份工程,将采包工制云。"

由于老万国桥(1904—1928)拆卸后荒废已久,安全性难以保证。加之桥梁长度不能满足需要,桥孔也存在问题。因此,老万国桥(1904—1928)移建大红桥的方案最终流产。此后,西河桥建桥委员中主要由李吟秋主持常务工作。在他的负责下,大红桥以造价低廉、坚固耐用的设计方案进行施工。后于1937年建成通车并沿用至今。

新万国桥 独领风骚
（1927 至今）

桥梁设计 源自何人

解放桥的设计者究竟是谁？多年来一直众说纷纭。流传甚广的一种说法认为，它和巴黎埃菲尔铁塔一样，都出自世界建筑设计大师法国人亚历山大·居斯塔夫·埃菲尔之手。同时，这还是他留在中国的唯一作品。

但是，对于解放桥的建造过程多数记载为："初建时，由法国工部局主持，海河工程局曾于审标时参与若干意见。当时投标者共计17家，而设计方案竟多达31种，几经审查之后，决定交由

埃菲尔经典作品——巴黎埃菲尔铁塔

达德施奈尔公司（The Establissement Dayde and Messrs.Schneider & Cie.）承包。"可是，这里唯独没有提及设计师的名字。

其实细细想来，人们认为设计者是埃菲尔似乎也不无道理。

首先，解放桥由天津法租国工部局主持兴建，虽然取名"万国桥"，但那时的天津人也习惯称其为"法国桥"，这就不免让人联想起法国建筑设计师埃菲尔。

埃菲尔像

其次，埃菲尔以建造铁桥闻名于世，他平生的第一个设计作品是法国波尔多大桥。正是在这项工程中，他使用了高压空气驱动桥墩的技术，成为当时法国工程界的一大创举。也正是这座大桥，使初出茅庐的埃菲尔在业内一炮走红、声名大振。随后，他又相继主持设计了法国索尔河大桥、杜罗河大桥等多个项目。应该说桥梁是埃菲尔设计作品中的一大亮点。

最后，如果解放桥真的是由埃菲尔所建，会为解放桥增色不少，也会让国人对埃菲尔倍感亲切。

但是多年来，经过各方面专家学者的研究，还是普遍认为解放桥并非埃菲尔的作品。主要理由是：解放桥1923年开始建造，1927年建成通车。而埃菲尔于1923年，也就是大桥开工的那年就已去世。在逝世之前的很长一段时间，埃菲尔健康状况欠佳，设计桥梁需要实地考察，而目前尚未发现埃菲尔来过中国甚至是天津的记载。当然，有人又会提出疑问，建筑工程都是设计在先，施工在后。那有没有可能是埃菲尔生前已经完成解放桥设计方案呢？根据记载,这位大师人生中的最后几年一直专心著书立说,不再进行设计工作了。所以,这种假设也基本可以排除。

那么,解放桥设计者到底是谁呢?笔者翻阅民国年间的老报纸时,发现了重要线索。

1925年1月30日的《大公报》发表题为《法工程师勘验桥基》的消息:

> 法国租界之万国桥,已经各国领事与海河工程司议决,向上游迁移。前日,有法国工程师带领夫役,在马家口河沿测绘桥址。闻于三月间,即可开工云。

随后,于1925年2月1日的《申报》上对此事也有报道。建造桥梁需要设计师进行实地考察。上述报道中提及亲临海河岸边现场踏勘的"法国工程师"很可能就是解放桥的设计师。而此时埃菲尔已经去世,可见,此"法国工程师"绝不是埃菲尔。

此外,在老报纸中还提及过解放桥设计师的名字。1927年10月19日的《益世报》刊发的《新万国桥开幕盛况》中,有如下记载:

> 建筑起因:……由领团与我国交涉署接洽之结果,决定由海关内征收附捐,作为建筑经费,一切建筑手续,由法领招商承办。投标之结果,由荣兴洋行承办。其工程设施,由法国工学博士白璧氏仿造芝加哥最新之图案为之。估价银七十万两,言定三年交工。白璧氏住华法银行楼上,三年苦心经营,遂有此次成功。
>
> 今后交通:新万国桥落成后,因建筑设备皆系用最新

方式,工程处已正式通知各民船用户,出入桥孔时,万勿以铁钩搭桥基,一以防传电,一以防拉坏桥身。如遇有须启闭桥身时,请通知管桥委员,即可开关。白璧并保险至百年,桥身不毁。

文中两次提到名叫"白璧"的法国工学博士,这引起了笔者的很大兴趣。

1929年4月15日《益世报》发表的《外国人之拆烂污》,则报道了关于解放桥建设工程款的相关内容,其中又提及"白璧":

"拆烂污"者,江南俗语,意即谓事之不由正道也,人之"拆烂污"则其人必有不规则之处。记者兹欲报告一件外国人之"大拆烂污"事,其事为何,即建筑新万国桥是也。此事已经国府命令查办,其以前进行情形,报纸已略有揭载,惟语焉不详,兹将记者数日来所探刺之较详细情形,分志于后。

新桥建筑之经过:……据投标之结果,乃由荣兴洋行包工计划实施,由法籍工程师白璧仿照芝加哥最新图案,为之估价先核算七十万两,旨定三年交工。白氏在工程进行时期,住华法银行楼上计划监督一切,亦煞费经营,至民国十六年九月间全桥工程告竣。

这两篇报道虽然写作时间相隔两年,但所述内容基本一致,因此,笔者认为可信度还是较高的。

前引两种史料多次提到的法国工学博士白璧,肯定就是解放桥设计者。这是因为：不论"仿造芝加哥最新之图案为之"，还是"仿照芝加哥最新图案"，表达的都是一个意思，就是为解放桥设计图纸。否则，白璧不可能"估价银七十万两，言定三年交工"，也不可能在华法银行楼上"三年苦心经营""计划监督一切"，更不可能言之凿凿地称"保险至百年，桥身不毁"。

设计者的名字找到了，但新的问题又接踵而至。关于白璧的生平、缘何来津、在津具体情况等等，遍查资料，均一无所获。白璧只是音译或中文名字，那他的法文名字叫什么呢？这还有待进一步查考。否则难以有更大的突破。

不过，至少可以认为，白璧与埃菲尔不是一个人，既然白璧是解放桥的设计师，那么，已于1923年去世的埃菲尔，怎么能与解放桥有关系呢？另外，白璧在设计解放桥时，仿造的是美国芝加哥的桥梁建筑风格，这似乎也可以把"是不是埃菲尔生前已经完成解放桥设计方案"这个大胆假设排除了。另外，白璧为法国工学博士，显然是受过系统化的专业训练。那么，白璧是否曾师从埃菲尔，或是接受过埃菲尔的指导和点拨呢？这种可能性尚不能排除。但是，囿

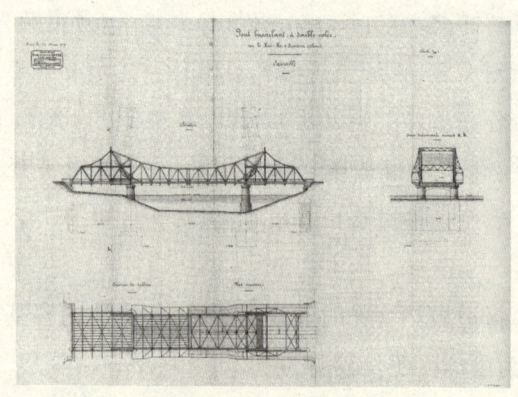

万国桥设计图纸

于资料缺乏，还难以找到答案。不过，循着《益世报》所载提供的关键词去探索，相信总有一天会把白璧的生平厘清。而这一过程，也势必是对这位为天津城市建设殚精竭虑、做出过贡献的设计师的最好纪念。

写到这里，笔者想起了侯仁之先生在 1945 年出版的《天津聚落之起源》中的一句话："考史者必欲求古，反不免失之于穿凿附会。衡其得失，莫如存疑。"

设计方案 因地制宜

清末民初，随着赴欧美留学的中国工程技术人员日益增多，海外学子们尤感于加强联络之必要。1917 年，20 余名在美留学生联合发起筹备中国工程学会，并于 1918 年正式成立，当时共有会员 84 人，近半数为土木工程师。我国现代桥梁工程的先驱茅以升先生就是其中的积极分子，曾担任执行部调查股股长。1923 年后，该会逐渐转归国内发展。

中国工程学会定期出版会刊，取名《工程》。此杂志一直比较关注国内大型建筑工程的动态。在 1926 年第 2 卷第 1 期中就刊登了署名"莘觉"的作者撰写的《天津新万国桥之计划》。文中详细介绍了大桥投标的过程，全面对比各家设计的优劣，并阐述了中标方案脱颖而出的理由。

1923 年 8 月 1 日，海河工程局发表了建桥招标书，文称："投标者共 17 家，计划

建筑万国桥的招标书

凡31种。其中:用双叶萱参(Scherzer)式(双叶立转式的另一种翻译,也称作施尔泽尔式——引者注)滚吊桥者五,用双叶斯托拉斯吊桥(Strass Bascule)式者七,用华兑而(Waddell)上抽式者十一,用他种吊桥式者八。于前年五月(1924年5月——引者注)开标,兑特(Etablissments Dayde)公司(达德公司的另一种翻译——引者注)所得,桥为萱参式……"法租界总工程师"T.Pmcione"在报告中,就各竞标方案的设计特点做过点评:"萱参式桥开时,活动桥面沿齿轮轨向岸滚退,使桥端缩至基塔界线之内;斯托拉斯式开时,向平轴转动,活动桥面成垂直时,不能完全退入基塔界线之内;华兑而式桥面,则用吊索沿高塔上抽,使桥底与水面距离加高,船只得以通过。各式活动桥面,俱有相当之平衡重量,以利动作。"

其实,早在1890年,李鸿章也做过类似思考。

1888年,在今解放桥附近修筑过一座铁桥。由于多方反对,大桥还未竣工就于次年(1889年)被拆毁。当时李鸿章希望能将卸下的构件废物利用,转移到北京郊区长春桥的建造上去。在1890年8

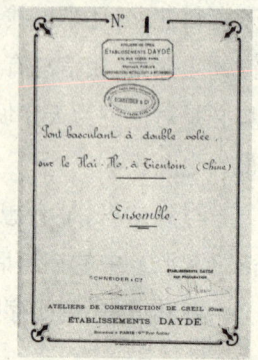

达德施奈尔公司的投标书

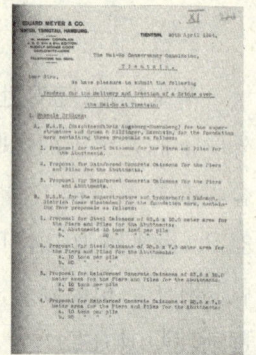

德商世昌洋行的投标书

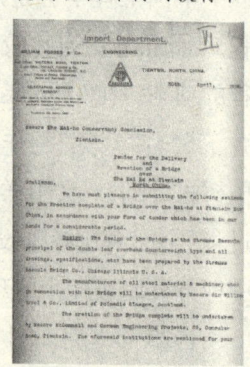

英商仁记洋行的投标书

月19日向海军衙门的致函中,他就考虑到设计桥梁时,既要便利陆路通行,又要兼顾水路交通。因此,对于开启桥的方案,他在转桥与拉桥之间权衡利弊:

> 转桥、拉桥互有短长。转桥之长处在任重过桥,重车胜任愉快;惟中流竖一桥座,河深处必在中泓,因有桥座,而船不由中,恐有浅涩,恭值御船经过,舍中央而趋两旁,亦不足以昭敬慎,此转桥之短处也。拉桥之长处在灵洁,桥梁左右拉开毫无痕迹,惟恐左右桥梁合并之时,重载过桥稍形吃力,此拉桥之短处也。如果设立拉桥于附近左右石岸之处,添设铁椿两排,使桥梁合并,中间悬空处少,左右垫实处多,其任重之力亦不减于转桥。

也许李鸿章未曾料到,在30余年后,开启桥何止他所说的"转桥、拉桥"两种?除此之外,还有双叶萱参式、双叶斯托拉斯式、华兑而式,种类之多让人眼花缭乱。

虽然花样各异,但万变不离其宗。"桥上行人,桥下通航,桥上桥下,水陆两便"——这是开启桥的根本原则。所以,《天津新万国桥之计划》一文认为,最终中标的双叶萱参式,正是将这一原则发挥到极致,并罗列出五条依据:

> 一则,活动桥面,进退自如,无须繁复机器,维持费用最省;二则,滚退用轮盘,所需能力极微;三则,此种桥梁,世界通用;四则,开时河面有一百四十尺之阔;五则,据投标者担保,此种桥梁可用于每小时七十五英里之疾风内,

如在五十英里速度之下,则此桥可于一分钟内开放,如在二十英里速度之下,则此桥仅藉人力亦可于八分钟内开放之。

每一座桥梁的设计,都是基于其所在地特定环境下的实际需要。而在对比各个方案时,不是价格越低廉,方案就越好,也不是技术越先进,方案就越佳。每一个方案都是多种因素的综合体。想避免得出失之偏颇的结论,就必须采取多角度、立体化的思维全方位地权衡利弊。正如一句流行广告语所说,"只选对的,不选贵的。"

附录：

天津新万国桥之计划

莘觉

天津新万国桥投标者共十七家，计划凡三十一种。

其中：用双叶萱参(Scherzer)式滚吊桥者五，

用双叶斯托拉斯吊桥(Strass Bascule)式者七，

用华兑而(Waddell)上抽式者十一，

用他种吊桥式者八。

于前年五月开标，兑特(Etablissments Dayde)公司所得，桥为萱参式，共长三百十三尺，河中基塔距离一百五十四尺，塔距岸七十九尺半。法租界总工程师秉商君(T.Pmcione)曾有报告，云及选中兑特公司计划之故，兹为摘译于下，文中之余，乃秉商君自谓也。

萱参式桥开时，活动桥面沿齿轮轨向岸滚退，使桥端缩至基塔界线之内，斯托拉斯式开时，向平轴转动，活动桥面成垂直时，不能完全退入基塔界线之内。华兑而式桥面，则用吊索沿高塔上抽，使桥底与水面距离加高，船只得以通过。各式活动桥面，俱有相当之

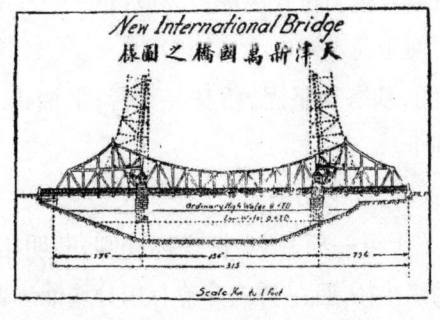

《天津新万国桥之计划》插图"天津新万国桥之图样"

平衡重量，以利动作。

按活动吊桥设计之要点：

一．须注意岸上车马之通行，华兑而式之活动桥面，最为坚固，自较双叶式为善，特双叶式吊桥，各处通用已久，尽有载重甚大者，未可厚非；

二．须注意水面船只之航行，总期吊桥开放，愈速愈妙，此次投标各计划，可大别为上抽式及吊桥式二种，兹将其利弊分别比较之。

上抽式之优点如下：

桥面常成水平，可用分块(Block pavement)铺面，此非吊桥可能，其利一；

风速过大时，上抽式桥面抽动，不受影响，而吊桥式则因抵抗力大，颇为不便，其利二；

低桅船只通过时，桥面不必升至最高点，其利三；

铁路通车时，轨道接榫处，上抽式最为坚固，其利四；

如河道更向，活动桥面，可易挪动，其利五；

桥底至水面距离，只须将塔加高或减低，甚易变动，其利六；

活动桥面两端，可以斜割，故桥身不必与河道成直角，其利七；

上抽式之钢料，较吊桥式为廉，其利八；

桥面高塔，便于通水管电线，其利九；

如河面开阔，基塔须坚固，桥身甚大者，上抽式之建筑费较吊桥式为廉，其利十。

主张上抽式者，其论如是。

鄙意一位关于第一项，则本桥投标准则，载明用木版铺面，上加绳蓆，尽可用诸吊桥，且吊桥式亦曾有用分块铺法者；

第二项则因津埠风速，一年中不过三四日，风速亦不过每小时五十英里以上,吊桥式可用于每小时七十五英里之风速,自可无虑;如风速再高时,将成飓风,河中自无船只航行,更何所用于吊桥,且此桥地处城市,风势可较旷野减少十分之三;

关于第三项则工人抽动不得法时,机件或致损坏,且吊桥式中间半开时,已可通船,自有相当利益也;

四,五,六,七项与本桥情形不同,可置不论;

第八项则据投标结果,吊桥式建筑费,并不较昂;

九项则因河道不深,水管电线,可由河底通过;

第十项则与本桥并不适用。

鄙意以为上抽式之桥有弊端凡六:

一则 基塔历久下陷,两旁如果不均,则全桥无用;

二则 非俟桥面完全抽上,轮船不敢驶近,不若吊桥式拽动时,轮船可即向中间驶过也;

三则 吊桥式拽动,可用寻常工匠,上抽式较为复杂,非用较有训练之机匠不可;

四则 上抽式之维持费及修理费,恐较吊桥式为大;

五则 上抽式不甚美观;

六则 依通行标准,上抽一百三十五尺,有时或者不足,如用一百五十五尺,则又太多;

此余之所以舍上抽式而不用也。

今将萱参式吊桥与斯托拉斯式相较,则萱参式桥面滚退时,河中航路可阔一百四十尺,而斯托拉司式则桥底未能退入基塔界线,河中航路,仅一百尺,且基塔附近,须打桩以避船只碰损桥面,此在督署附近,船只不多,或可足用,法界轮舶进出甚多,非有较阔河面不可,故斯托拉斯式,较为逊色。另有单叶吊桥,河面虽可较阔,然不甚美观,且风大时,桥面抵抗太大;至席满门式(Zimnermann)桥梁既较萱参式为复杂,且无特殊优点,故置不议。

余之采用萱参式理有五:

一则 活动桥面,进退自如,无须繁复机器,维持费用最省;

二则 滚退用轮盘,所需能力极微;

三则 此种桥梁,世界通用;

四则 开时河面有一百四十尺之阔;

五则 据投标者担保,此种桥梁可用于每小时七十五英里之疾风内,如在五十英里速度之下,则此桥可于一分钟内开放,如在二十英里速度之下,则此桥仅藉人力亦可于八分钟内开放之。

投标中图案最美观者为莫宾公司(Firm Etablissements Brossard Mopin)。但因装潢华美,致基塔础上压力,每方公分为3.83公斤($3.83Kg/cm^2$)而余之标准为二公斤。今据兑特公司之计划,仅有1.97公斤,足见所定标准,并不背理,且该公司对于深坚基础,经验最富,营业声誉甚隆,投标价格最廉,据其预算,建筑费为2,918,400佛郎,加美金243,854元,另加机器7,500金元,应准其承揽,并将一切费用规合天津规银,立一详细预算云。

(1926年《工程》第2卷第1期)

属地模式 世界领先

"属地化"是如今对外工程承包领域中的一个时髦词汇。这种管理模式是现在大部分国际工程承包商的通行做法。甚至从某种意义上来说,对外工程公司属地化程度的高低,已成为衡量该企业核心竞争力的重要因素之一。

究竟学术界对此概念如何定义？在百度（Baidu）、谷歌（Google）等搜索引擎和"中国知网""维普""万方"等数据库中，笔者均未查到令人满意的解释。也许是随着国际工程不断深入，其内涵和外沿也在日益拓展丰富吧。就我个人理解而言，所谓国际工程的属地化，就是充分利用工程所在国的资源来完成项目。仅从人力资源角度举一个简单例子，在国内做项目，中国人得心应手、驾轻就熟。可如果是在环境完全陌生的海外，各种意想不到的障碍将会使其生产效率大打折扣。同时，往返两国间的高昂差旅、签证等费用也会使开支大增。相比之下，雇用当地劳工既能节省经费，又能履行对当地的社会责任，从而为项目履约赢得良好的外部氛围，实现管理简单化、效益最优化、成本最小化、利润最大化。

早在20世纪20年代，在万国桥的建造施工过程中，总包商达德施奈尔公司（The Establissement Dayde and Messrs.Schneider & Cie.）就曾采用属地化管理的模式，在天津选择了分包商进行施工作业。

在《益世报》中，我们就能找到蛛丝马迹。1927年10月19日的一篇名为《新万国桥开幕盛况》的报道中写道：

万国桥下百舸争流

由领团与我国交涉署接洽之结果，决定由海关内征收附捐，作为建筑经费，一切建筑手续，由法领招商承办。投标之结果，由荣兴洋行承办。其工程设施，由法国工学博士白璧氏仿造芝加哥最新之图案为之。估价银七十万两，言定三年交工。

两年之后的1929年4月15日，《益世报》一篇揭露解放桥工程款黑幕的文章《外国人之拆烂污 万国桥用款超过估价事》中，再次提到这家名叫荣兴洋行的承包公司的名字：

（万国桥）据投标之结果，乃由荣兴洋行包工计划实施，由法籍工程师白璧仿照芝加哥最新图案，为之估价先核算七十万两，言定三年交工。

"荣兴洋行"究竟是一家怎样的公司？笔者找遍各种有关天津洋行的记载，都一无所获。难道这是一家很不知名的小洋行？那它怎么会有实力承包万国桥这样浩大的工程呢？

《文史资料选辑》（第42辑）中，由严逸文撰写的《四十年买办生活回忆》一文为笔者解开了谜团。他在文中介绍：

永兴洋行在天津的法商洋行中是最大的一家。次于它的立兴洋行，后来并入'永兴'。永兴洋行对出进口的经营是综合性的，中间并曾包办过正太铁路的器材供应。那时，'正太'全线连茶杯都是永兴运来的法国货。天津的解放桥原来俗称法国桥，后改名为万国桥，就是永兴洋行承包建造的。

严逸文17岁进入永兴洋行,工作了四十余年,最后成为该行买办,其对该洋行的了解和回忆应该是比较可靠的。在1929年5月11日,由天津市港务局、财政局、工务局三部门共同撰写的《会呈核议万国桥工程经费延长征收桥捐一案谨将派员彻查情形及会同拟具意见仰祈鉴核文》,也能印证严逸文的说法:

> 查海河工程局用款仅有账簿可查。而于桥梁工程计划图,该局声称无案可稽,须向巴黎原包公司(天津永兴公司代理)函索。

另外,现藏于天津档案馆的《天津新万国铁桥建筑费用报告书》中也有相关记载:

> 嗣民国十三年六月四日(1924年6月4日——引者注)议决采用法国大德施奈得公司(达德施奈得尔公司的另一种翻译——引者注)天津代理者法商永兴洋行所投之标建造斯克则式(Scherzer)(施尔泽尔式的另一种翻译——引者注)旋转升降铁桥一座。

永兴洋行虽非专业从事工程施工的企业,但在万国桥建成之前,已有承包正太铁路的先例。同时考虑到它还是在天津的法商洋行中最大的一家,不管是从规模上,还是从出资方的国别上,都能与大桥扯上关系。问题在于,"永兴洋行"与《益世报》所载的"荣兴洋行",是同一家企业吗?

从相似的读音和同为万国桥工程的分包商来看,二者很有可能就是一家公司。写法不同,很可能只是由于翻译的不同版本、中文书写习惯或报纸排版中手民误植等原因所致。永兴洋行是流传更广、更为人所接受的称呼。这也就解释了为何在天津历史上各大洋行名录中都找不到《益世报》所载的"荣兴洋行"了。

开启中的万国桥

　　永兴洋行 1840 年创立于巴黎,由法国商人集资组建,专做对外贸易。《天津条约》签订之后,其最先在宁波开设分行,以草帽出口为主要业务。后在上海、汉口设立分行。同时,将宁波分行取消,将上海分行改为远东总行。1897 年,其在天津开设分行,地址在今解放北路北头。1917 年,又在今大沽北路上建成占地十几亩的大楼,附设肠衣厂、打蛋场。在 1918 年至 1928 年期间,天津分行聘请叶星海担任买办。叶星海凭借自己实力雄厚、渠道宽广、号召力强大的特点,将其业务带入全盛时代。也正是在这一阶段,其承接了万国桥工程。

　　直到今天,我国在国际工程中属地化的比例依然相对较低。然而早在八十多年前,外国企业就已经在解放桥的施工中,运用到这样一项至今仍属领先的管理模式,这不能不让我们叹为观止。同时也应该认识到,万国桥的修建不只有外国人的技术,更凝结了无数中国人,尤其是奋斗在施工第一线的中国工人的辛勤劳动与汗水。

施工事故 酿成惨剧

20世纪20年代,吊车、起重机等机械设备并不发达,难以满足大型工程的建设需要,更多的技术难题则是靠建筑工人徒手解决的。著名津味作家林希先生于2008年4月17日在《今晚报》上发表《架子工》一文,回忆到自己亲眼所见整修万国桥的情景:

正在施工中的解放桥

> 我看见过天津解放桥修桥时搭的工程架子。搭架子的时候,海河两岸万人围观,只见大桥上架子工们登着桥架,身子悬在大河上,看着真是危险。架子工们一点也不紧张,人人从容。很快,一副修理架子就搭好了,从桥面到桥顶,架子将一座大桥包起来,如是才开始修桥。

相信很多人在赞叹着老工人们精湛技艺的同时,也不禁为他们捏了一把汗。从另一个角度来说,这也真实反映出,那个年代里,施工现场缺少必要的安全保护措施。俗话说:"常在河边走,哪有不湿鞋。"偶尔的疏忽在所难免,可是对于这些工人来说,一旦失手,失去的就很可能是自己的生命。这也就难怪我们现在一直强调"安全生产重于泰山"了。

安全保护工作不到位,就是酿成生产事故的前兆。1924年2月26日的《益世报》中就以《金钢桥河工中之惨剧》为题,给当时的社会敲响警钟:

> 河北省公署前金钢桥(俗称新铁桥)因年久失修,在桥旁由海河工程局另建新桥。业已开工,修筑多日。有大铁筒一具,用铁绳悬在高处。不料,日前正在工作之际,铁筒上之绳忽然折断,铁筒落下,砸伤工人。多名均盖于筒内,身没水中,至今仍未捞出。其余砸伤之工人二名,均送医院救治。其一已经毙命;其一虽受重伤,尚无性命之虞。闻海河工程局,对善后尚无办法云。

血淋淋的教训并没有引起建设单位和管理部门警惕和重视,近乎于"草菅人命"的做法还在继续,伤亡事故更是屡见不鲜。两年后的1926年,在万国桥建设中,情况仍无明显改观。1926年6月18日的《益世报》上,有一篇名为《筑桥工人淹毙之惨闻》的文章这样介绍道:

> 某国工程师,率华工百余人建造万国桥,现正在当河坐罐。该河面宽水深,水流激急,工人稍一不慎,即落河毙命,极为危险。前日(十六)上午十二点余钟,有工人杨某失足落水,经工人罗某瞥见,大声呼救,当经众工人救上,幸未毙命。将杨救出后,至下午一钟余,罗某又失足落下,经工人捞救不及,已被淹毙。监工之外国工程师,见工人落水,不加怜悯,不令捞救,恐误工作,致各工大激,均停

工要求找罗某尸身。当在旧桥下寻获,各工拟议要求抚恤,该工程师与法总办,均不认可,各工人均极激愤云。

由此可见,万国桥的施工难度还是相当大的,其中的很多工作环节也是极其危险的。罗某救得了别人,但却救不了自己。甚至我们连他的名字都不知道。这是他个人的不幸,也是当时中国工人的不幸。在那个积贫积弱的年代里,在那个世态炎凉的社会中,人的价值是高贵,还是低贱?从这篇报道中我们就能找出答案。

供电问题 纠葛不断

一提到近代工业文明,人们首先会想到电。电力的广泛应用,成为第二次工业革命的代表,它将人类社会从蒸汽时代带入电气时代。从十九世纪末开始,电就已进入西方人的生产生活之中。

几乎就在同时,电力也被引入中国。天津就是我国第一批用上电的城市。清光绪十四年(1888)夏,德商世昌洋行(Edwald Meyer & Co.)在英租界开办绒毛加工厂的打包机上,利用机械动力驱动一台小型直流原动力发电机。除供本厂照明外,还向邻近的荷兰领事馆提供照明用电。这是天津用电的开端。1902年,天津法租界公议局建设直流发电厂,其位置就在今解放桥(原名万国桥)不远处的海河

开启中的万国桥

岸边。其所发电能除供公议局自用外，还在法租界内开展以照明为主的供电业务。这是天津市最早用于营业的公用发电厂。

津城早期开启桥的动力主要以人力为主。随着电力的普及，电能逐渐成为保障桥梁开启的新能源。海河上最早以电能为动力的大桥，是清光绪三十二年(1906)建成的金汤桥。

万国桥也是采用电力开启的。1925年，大桥还处在施工阶段，为了争夺开启电力的供应权，两个在租界中都举足轻重的势力曾碰撞出火花。据《天津市电力工业志》记载：

> 第一次世界大战后，工商业蓬勃发展。比、法、日、英等租界发电所积极扩大供电范围，彼此之间展开了激烈竞争。比商供电区域，越出中、比合同规定的范围，伸入到各租界以外的广大中国人居住的地区。法商与比商为争夺万国桥（今解放桥）的供电权，设立了4×65马力（约200千瓦）发电机，争夺了2年之久，最后，由天津海关税务司调解，于1927年7月达成协议，其常用电由法商电力供给，比商提供发生意外时的备用电力。

这里所说的"比商"就是指"比商电车电灯公司"。该公司由比利时通用财团创办，早在1904年就与中国政府签订了垄断经营天津电灯、电车业务的合同。其掌控天津电力工业长达几十年，在该领域中独占鳌头、无出其右者。

法商指的是"法商电力股份有限公司"。1910年，法租界公议局将原设在万国桥附近海河岸边的直流发电所，以85000两白银作价，卖给该所工程师克里蒙特·布吉瑞（C·Bourgery），并于同年6月

28 日签订合同。其中规定,公议局给予布吉瑞在法租界经营电力的专利权 50 年。而他必须于 1912 年以前新建交流发电所,以取代原有的直流发电所。随后,布吉瑞于 1912 年在今南京路口与哈尔滨道交口附近选址建厂,安装 200 千瓦蒸汽机、50 赫兹交流发电机 2 台,并于 1916 年 10 月 19 日成立了法商电力股份有限公司。

看了上述两家公司争抢大桥供电权的介绍,很多人可能会觉得比商电车电灯公司有点儿横行霸道了,竟然抢买卖抢到了天津法租界的门口。万国桥地处法租界入口处,地理位置重要。再说,桥梁的修建一直是法国工部局牵头组织。同时,20 世纪 20 年代法租界内的电力系统也已初具规模,为开启桥提供能源支持绝对不成问题。有这样充足的理由,法租界当局绝不能让大桥的开启听命于他人。

但可能很多人忽视了一个问题,那就是比商电车电灯公司对于老万国桥(1904—1928)的控制权。因为其经营的蓝牌电车需要借道老万国桥(1904—1928)通过海河,于是,1907 年,由津海关道代表天津当局与比商电车电灯公司签署过一份合同。合同明确了老万国桥(1904—1928)的正常运转和日常养护由比商电车电灯公司负责。而新万国桥的建设就是为了替代老万国桥(1904—1928)。这就意味着比商电车电灯公司将会丧失原有权利。为了将既得利益延续下去,他们肯定希望将原有权利转移到新桥上来。可是,这次法租界不会允许别人在自家门口为所欲为了。况且,万国桥是出入法租界的咽喉要道,关系到整个法租界的安全,这样的要地,决不能旁落他人之手。

由此,比商电车电灯公司与法租界当局展开了长达两年的拉锯战。直到 1927 年 7 月大桥即将完工时,才由天津海关税务司出面斡旋,最终达成协议——常用电由法商电力股份有限公司供给,比商电车电灯公司提供如发生意外时的备用电力。

好的基础 成功一半

曾几何时,海河上有两座双叶立转式开启桥,一座是金钢桥,另一座就是解放桥(原名万国桥)。1996年,当金钢桥被认定为危桥而拆除,并新建成钢混桥后,就只剩下解放桥这唯一一座双叶立转式开启桥独自坚守了。

两座桥梁因为属于同一种开启方式,外形结构类

1931年3月5日《北洋画报》中,照片所摄为"金钢桥",而注释文字却写作"万国桥雪后",明显将两座桥梁混淆,张冠李戴。

金钢桥全景

似,所以,往往有人将其混淆、张冠李戴。不同的是,原金钢桥在开启时,桥体两侧是绕固定轴旋转。而解放桥则是在桁架下弦靠近引桥处有一条固定轨道。开桥时,活叶桁架沿轨道移动开启,以便让开更大的通航净空。因此,解放桥的使用效果相比于原金钢桥更为理想。但同时,也因解放桥在打开过程中,桥体位置不断变化,导致重心随之移动,这就对主桥墩的基础提出了更高的要求。据《中国桥梁史纲》记载:"经查阅该桥(万国桥——引者注)施工图纸,其墩台基础均采用气压沉箱,主墩沉箱底抵达大沽水平零下18米。"此处提及的"大沽水平",指的是"大沽高程水准基点"。

解放桥的桁架下弦靠近引桥处的固定轨道

有读者可能要问,究竟什么叫"气压沉箱"呢?我国著名桥梁专家茅以升先生在其所撰《武汉长江大桥建设和施工的先进性》一文中,对这个概念做过详细解释,所谓"气压沉箱"就是指:

在水下挖土的一种设备,像一个有盖无底的箱子覆在江底泥沙上,箱盖上建筑桥墩。沉箱盖上有个圆筒伸出水面,从这圆筒内打入压缩空气就把沉箱里的水排出,让工人们经过圆筒下到沉箱内挖土,挖出的土也经圆筒运出,土越挖越深,箱子就慢慢下沉,箱盖上的桥墩也越筑越高。

运用此类技术修筑桥墩的方法，又被称作"气压沉箱法"。沉箱的施工，在桥梁建造中占有重要地位，在《中国桥梁史纲》中，对此记述：

> 该桥（万国桥）的总施工期为4年，较金钢桥施工期多了2年。其主要原因是受内战影响，材料运输困难。此外，沉箱基础下沉至大沽水平零下11米时，出现了一层黏土，下沉困难，继续挖掘2米以后，始顺利抵达硬土层。为此又加筑护墙，承以木桩，因此，延误了工期。

其实不单单在建设过程中，就是前期项目投标时，在建设方案的选择上，沉箱工艺的好坏，也成为衡量图纸整体优劣的关键指标。中国工程学会会刊《工程》杂志在1926年第2卷第1期中就刊登了一篇署名"莘觉"的作者撰写的《天津新万国桥之计划》。文中分析了投标过程及各家方案的特点。

当时，外形最美观的方案并非我们今天看到的解放桥，而是莫宾公司（Firm Etablissements Brossard Mopin）的设计。其最终落选的主要原因是：

> 因装潢华美，致基塔础上压力，每方公分为3.83公斤（3.83Kg/cm²），而余之标准为2公斤。今据兑特公司（中标方达德施奈尔公司的另一种翻译——引者注）之计划，仅有1.97公斤，足见所定标准，并不背理，且该公司对于深坚基础，经验最富，营业声誉甚隆，投标价格最廉……应准其承揽……

另外,在1924年5月15日《天津海河工程总局工程部致海河整理委员会1272号报告》中附带一封投标推荐信,也提到了该内容:

> 然所采纳之桥墩设计及桥梁装饰,已增加地基压力至每平方厘米3.83公斤,原规格书定为每平方厘米2公斤,为此深感抱歉(指莫宾公司的设计方案——引者注)。余已审查设计师们就此问题之争论内容,结果表明,彼等认为此压力仍在允许范围以内。在理论上承认'弗伦第尔公式'之正确性,即可承认其论证之正确性;然考虑到地基位置之规定承重与磨损角度尚未确定,故有所疑虑,并更倾向于维持规定负荷,每平方厘米2公斤。另,余亦注意到大多数建筑师均接受此负荷,并已根据此数据设计各自地基方案。'Etablissement Dayde'(中标方达德施奈尔公司——引者注)及桥梁建筑与深层地基方面首屈一指之专家,不仅采纳每平方厘米分配负荷2公斤以下之设计,还建议每一对桥墩应坐落在一个单独的187平方米沉箱表面上,彼等认可之负荷为每平方厘米1.97公斤。

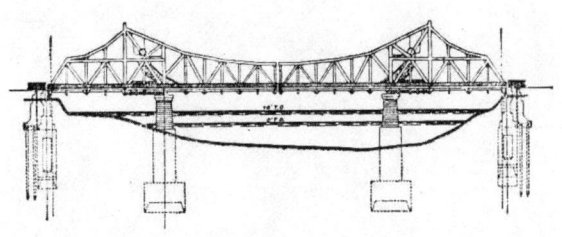

在万国桥设计图中即能看到其桥墩基础部分

桥体在单位面积上对沉箱表面的压力最小，这也成为达德施奈尔（The Establissement Dayde and Messrs.Schneider & Cie.）公司最终中标的关键因素之一。谁会想象到，就是1.97公斤与3.83公斤，这两个相差无几的数字，却对竞争双方的成败起到了至关重要的作用。

解放桥的主墩沉箱基础至今并未产生明显的不均匀沉降，基本符合最初的设计要求。可见桥梁的沉箱在栉风沐雨80余年后仍然坚固耐用，是经得起历史检验的。正如俗话所说，"好的基础是成功的一半。"

八十余载 见证世间沧桑

竣工典礼 风光无限

落成仪式 一拖再拖

假如把一项工程比作一位大家闺秀,那竣工典礼就仿佛是在她结婚时的婚宴上喝喜酒。在此之前,她是在彷徨中成长,在此之后她则是稳重成熟。这就足见该仪式的重要性。按照民间风俗,办喜事要挑选黄道吉日。竣工庆典组织者自然也不敢怠慢,在选择上既要大吉大利,又要兼顾纪念意义。

万国桥的通车日期最初定在1927年10月10日。《大公报》在1927年9月11日就以《新万国桥"双十节"通行》为题,迫不及待的抢先爆料:

> 现在,(新万国桥——引者注)桥工行将告竣,两端接修电车轨道,不久亦可完工。俟桥身油饰竣事,即由海河工程局验收。预期本年'双十节'开始通行。

《益世报》也不甘落后,9月18日发表的《新万国桥通行典礼,迎张作霖主席各国公使临场》一文介绍道:

> 本埠特讯,新万国桥定于'双十节'通行一节,已见各报。现闻海河工程局拟于是日举行大规模之典礼,将迎大元帅张作霖主席,各部总长、各国公使均在被邀之列。"

此外,9月21日《北洋画报》上还刊登了一张大桥的照片,让读者先睹为快,并配有文字说明:"将于本年'双十节'举行落成礼之天津新万国桥。"

各大报刊完全一致的口吻,让公众对万国桥将在"双十节"落成的消息深信不疑。此安排本来也属情理之中,因为在民国年间,"双十节"是一年中最重要的节日。1911年10月10日(清宣统三年八月十九日,即辛亥年农历八月十九),在湖北武昌,新军打响了推翻清王朝的第一枪,1912年1月1日,中华民国成立。1912年9

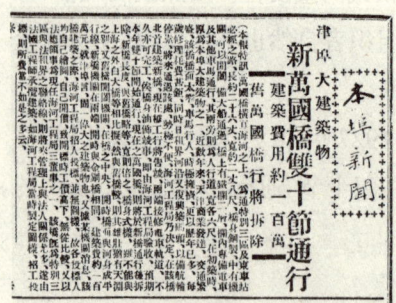

1927年9月11日的《大公报》刊发题为《新万国桥双十节通行》的文章

1927年9月21日《北洋画报》载:"将于本年'双十节'举行落成礼之天津新万国桥"

月，为纪念这个具有历史意义的时刻，临时政府将10月10日定为"国庆日"，也被称为"辛亥革命纪念日"，百姓俗称"双十节"。以后每逢此日，全国上下都会举行盛大的庆祝活动。直至新中国成立后，"双十节"作为"国庆日"的性质才发生改变。在当时看来，1927年的"双十节"对津城格外特殊。这一天既是国庆，又有万国桥的开通庆典，可谓双喜临门。所以，沽上百姓都对这一天翘首以待。

1927年10月11日《大公报》载《新桥通行展缓》

然而时至当日，父老乡亲们并没看到期盼已久的盛况。次日（10月11日）的《大公报》上登载出《新桥通行展缓 桥上装设电光灯彩》一文解释其中原委。

> 本埠新万国桥原定昨日（1927年10月10日——引者注）举行通行典礼，嗣因该桥西境新旧两桥中间之马路尚未竣工，展缓通行。据该桥工程处消息，各马路工程二、三日内可以完竣，则本月十五日即行通行典礼，否则须展至十八日始能通行。又该桥通行时，将举行盛大之典礼。桥上现正装设各种电光灯彩云。

文中对于典礼日期说得含糊其辞。不过按照大多数人的理解，应该更倾向于10月15日。

到了当天，活动还是没有如期举行。《大公报》于该日（10月15

日)发出消息《新万国桥 十八日举行通行礼》,文中写道:"新万国桥定于本月十八日十二时三十分举行通行典礼,并闻礼毕后将在裕中饭店举行盛大之宴会云。"通车仪式最终于10月18日举行。

笔者理解,庆典时间早早发出,而又一再推迟,这样似乎可以吊足市民胃口,使公众更多关注此事。是否是有意为之,亦未可知。分析典礼拖延的主要原因,主要还是由于虽然桥体本身已完工,但周边配套工程尚未完成。这与其考虑不周有关,也与其重视典礼有关。否则就不会"桥上现正装设各种电光灯彩"了。总之,庆典并非仓促和凑合。

张大元帅 莅临之谜

前文中曾把一项工程比作一位大家闺秀,将竣工典礼说成是婚宴喜酒。那在酒席之上,必不可少的就是证婚人。这一角色如能由叱咤风云的头面人物来担当,自然是锦上添花。

在九河下梢的天津卫,桥梁是市政建设中首当其冲的重点。在庆贺新桥落成时,往往有难得一见的达官显贵露面。1921年5月31日,位于北大关的金华桥告竣,当时的直隶省长曹锐前往祝贺;1925年1月18日,金钟桥移建完成,时任直隶省长的杨以德亲临现场发表演说。上述二人虽在津城是响当当的名头儿,但若和二十年前的一代枭雄袁世凯比起来,就小巫见大巫了。1903年11月27日,时任直隶总督兼北洋大臣的袁世凯,

曹锐像

杨以德像

袁世凯像

获袁世凯亲自验收的老金钢桥

亲自验收了其衙门前的金钢桥工程。次日(1903年11月28日)的《大公报》上就有记载：

> 督署前铁桥工程告成。现由工程局禀请袁宫保,于昨日早十点钟出署,率同司道府县各官勘验收工。彼时燃放爆竹后,并验黄色嵌龙汽车二辆云。

此时的袁世凯已是清廷的中坚,但是就任民国大总统、复辟洪宪帝制还是日后的事。当时的他只算位极人臣,还远未达到一统江山的地步。然而,到1927年便传出有一位在九州华夏唯我独尊之人要莅临万国桥竣工仪式的消息,这个人就是奉系首领张作霖。1927年9月18日的《益世报》以《新万国桥通行典礼迎张作霖主席各国公使临场》为题抢先报道："本埠特讯,新万国桥定于'双十节'通行一节,已见各报。现闻海河工程局拟于是日举行大规模之典礼,将迎大元帅张作霖主席,各部总长、各国公使均在被邀之列。"

此时的张作霖不再是偏居东北一隅的绿林好汉。他已入主中原,在北京成立军政府,任海陆军大元帅。虽无大总统之名,却早已手握实权。作为北洋政府的最后一位国家元首级人物,他成了中国的实际主宰者。张大帅能赏光,可见万国桥影响之大。

谁料计划赶不上变化,原定的典礼没有在"双十节"举行,并一拖再拖。没能如期庆典,是否与张作霖公务繁忙有关,这给我们留下了无限的猜想。

直到10月18日万国桥通车仪式当天,张大帅的名字又一次出现在报纸上,《益世报》刊登的《新万国桥开桥礼今日午后举行》一文中写道:

张作霖像

> 新万国桥工程落成后,订于今日举行开桥礼,并拟邀请大元帅张作霖主席各节,曾志本报。兹悉张氏因军事倥偬,已委内务部次长齐耀珹代表。

这说明出席现场的并非张作霖本人,而换成了他的代表。缺席理由仅"军事倥偬"四字而已,不免让人觉得过于敷衍了事。

翌日(10月19日),各大报纸对前一天的情况均做了详细报道,且与上述内容完全一致,这也证实了此消息的准确性。

《大公报》上《新万国桥落成礼志盛》一文提到:

> 新万国桥于昨日举行落成典礼。中外关系方面及来宾到者,有'奉张'代表齐耀珹、荷兰公使欧登科、法国公使高

务、暨本埠各行政机关领袖各国领事等,一百三十余人。

《益世报》登载的《新万国桥开幕盛况》也有涉及:

(仪式)为西式最隆重之礼节。十二时二十分,荷兰公使欧登科与比国公使及张作霖代表齐耀珹、潘复代表吴毓麟、直隶政务厅长宋云同以次,均到。驻津英、日、意、法各国领事武官亦到。约有一百余人。"

甚至远在上海的《申报》也于10月20日以《天津万国桥落成》为题进行简要描述:

(万国桥)今日正式行落成礼。与礼者甚众,英、日、法、荷等国公使亦均莅止。主礼者,张作霖之代表。

竣工典礼剪彩仪式,中间者即为张作霖代表内务部次长齐耀珹

各大报纸的后续报道中对张作霖缺席一事均讳莫如深,唯独10月26日的《北洋画报》中一篇名为《万国桥落成礼琐记》的文章亮明了观点:

> 新万国桥落成,在本埠交通中,占甚重要之一页,而与天津工商业之前途所关亦巨,此固显然者也,然与国家军政大计,初无涉焉。故,事先宣传大元帅将莅止参与落成典礼一说,吾人早斥为无稽,惟是日观礼者万人空巷,万国桥旁,万头攒动,意者皆欲一瞻大元帅之颜色耶?

该说法虽多有记者揣测的成分,不过也颇有几分道理。万国桥对天津至关重要,但与军政大事毫无牵连。张大帅平日公务缠身,对此当然兴趣不大。似乎他亲临典礼一说原本就是无中生有。只是一些利益相关方为聚敛人气、扩大声势而凭空捏造出的假新闻罢了。庆典当天,观者如云,多数是为了一睹"张大帅"的庐山真面才赶去的。可见此宣传虽然手段不算高明,但效果还是明显的。

庆典现场 历史瞬间

有时,岁月真的会让人变得健忘。伴随时光流逝,很多重要的历史时刻都如过眼云烟,离我们渐行渐远。

前几年,在互联网上见过几张解放桥落成典礼时的照片,看着画面中那宏大的场面和一张张陌生的面孔,笔者不禁发问,参会的人都是谁?典礼的程序又是怎样的呢?后来经过查阅史料,笔者才在老报纸中读到了1927年10月18日大桥竣工典礼的报道,当年的一幕幕场景才逐渐清晰起来。

庆典当天（1927年10月18日）《益世报》就以《新万国桥开桥礼 今日午后举行》为题刊登短讯：

> 新万国桥工程落成后，订于今日举行开桥礼，并拟邀请大元帅张作霖主席各节，曾志本报。兹悉张氏因军事倥偬，已委内务部次长齐耀珹代表。该代表昨已莅津。今日除张氏代表外，尚有各国领事及中外人士颇多参加盛会。开桥典礼，订于十二点四十分举行云。

20世纪20年代的报业，还做不到现场报道般的快速反应，能在第一时间发出消息已经实属不易。不过，这样言简意赅的豆腐块儿新闻，读者看着肯定不过瘾。报社也自然不会轻易放过如此隆重的大事件。不出所料，次日（1927年10月19日）的各大报纸纷纷对此事进行连篇累牍的报道。

《益世报》刊登出《新万国桥开幕盛况》。文中详述了典礼的现场布置：

> 桥之上端与左右两例，悬有十二面国旗。中国国旗居中，桥左右两端，一为海河工程局旗，一为法国国旗，迎风招展，极为美观。午前十时，中国军乐队一队，保安警察一队，步兵一排，均至桥之北端，由特三区署长指挥一切。汽车皆放置一定处所，秩序井然。又设有招待处，由海河工程局局长甘博乐招待。桥之南端，由法国步兵一队，骑兵一队。桥之南北两头，皆扎有二尺高之花彩牌楼，其中间

系以长约一丈红绸,为西式最隆重之礼节。

在介绍仪式的进程时,文中写道:

> 十二时二十分,荷兰公使欧登科与比国公使及张作霖代表齐耀珹、潘复代表吴毓麟、直隶政务厅长宋云同以次均到。驻津英、日、意、法各国领事武官亦到,约有一百余人。十二时三十分,中国军乐奏乐,齐耀珹以次肃立脱帽,奏国乐,剪破红绸,放下桥板,诸人通过。至南端,法国军队奏乐,诸人肃立,奏法国国乐,旋剪红绸,摄影,礼毕。至裕中饭店受甘博乐之招待会,参观者约有五六万人,途为之塞。

《大公报》也发表《新万国桥落成礼志盛》一文,报道了庆典的全过程:

> 新万国桥于昨日举行落成典礼。中外关系方面及来宾到者,有奉张代表齐耀珹、荷兰公使欧登科、法国公使高务、暨本埠各行政机关领袖各国领事等一百三十余人。至十二时半举行典礼,其次序为:(一)奏乐;(二)开桥;(三)主席割断入口绸线,宣告开通;(四)桥两侧燃放爆竹,并同时合桥;(五)主席以下来宾依次渡桥,由特三区至法租界;(六)到法租界之桥口,主席又割断入口线绸,遂入裕中饭店;(七)宴会。

对比两篇文章,所述内容基本一致,很多细节都丝毫不差,其准确性可见一斑。

如果把典礼仪式比作宴席上的正餐,那其间的花絮就好比开胃小菜,能给本来庄严肃穆的庆典平添几分轻松与欢笑。1927年10月26日《北洋画报》中的《万国桥落成礼琐记》一文,就提到了一些极富趣味的花絮。

当天的典礼现场,大桥上彩旗招展,特别是在桥头,左右两端分列海河工程局局旗和法国国旗。正中悬海河工程局图徽,周围悬有13面国旗,中国国旗居中。其中,唯独德国国旗最为"特殊"。"德国旗用帝国二色,而于角上嵌民主二色,颇觉别致,闻系德国之海军旗云。"看来是布置现场的人员缺乏常识,把德国海军军旗误当作德国国旗了。

典礼原定于中午12点30分正式开始,而实际上却是延迟许久。因此《北洋画报》的记者调侃道:"是日,本定十二时半成礼,而延迟至数十分钟,或曰此中国化也,亦谑也欤。"

1926年10月26日《北洋画报》用大半个版面报道新万国桥落成典礼仪式

万国桥竣工典礼现场

竣工典礼现场

按照既定程序,万国桥最初为开启状态。嘉宾先是在特三区一侧进行剪彩。此时,河对岸法租界聚集者多为外国人。礼毕,大桥合龙,参观者越桥而过,行至法租界一侧,并于桥头处的裕中饭店用餐。而在"合桥之前,华方放鞭炮以庆贺,约数万响,是时桥板尚未下,处法租界者,得闻不得见,西人及法兵不明所以,初疑为机关枪(枪声——引者注),亦一笑话也。"这不禁让人想起了鲁迅先生所说:"外国用火药制造子弹御敌,中国却用它做爆竹敬神;外国用罗盘针航海,中国却用它看风水;外国用鸦片医病,中国却拿来当饭吃。同是一种东西,而中外用法之不同有如此。"

随后,"桥既合,中西官员步行过桥,法军奏中法国乐,文职官员,本已一律免冠而来,惟日本武官,似不识所奏为国乐,呆立而不举手致敬,是失礼也。"日本人是因文化差异而忽略了行礼,还是有意为之,这就难说了。其实日本侵略者的野心早已有之。在此之前,日本人就曾在天津制造过如"大沽口事件"之类的挑衅行径。此后,于 1931 年更是公然侵占东三省。其狼子野心昭然若揭。花絮虽小,但由小见大,我们也能从中体会出一些深层次的意味。

正是在这些历史文字的忠实记录下,配合现场拍摄的照片,为我们再次还原了万国桥落成典礼的历史瞬间。

维持秩序 棍棒相加

1927 年 10 月 18 日举行的新万国桥竣工典礼仪式,绝对称得上当时天津卫的大事。从留下的各种照片中,就能感受到现场的火爆气氛。从各大报刊的新闻报道里,更能读出典礼的万众瞩目。然而,当笔者翻开泛黄的老报纸,细细咀嚼着众多的评论文章时,却发现在恭祝新桥落成的欢呼声中,还夹杂着些许不和谐的音符。

1927 年 10 月 19 日,也就是剪彩仪式后的次日,《大公报》便以《新万国桥落成礼志盛》为题详细记载了前一天海河边的盛典。活动计划于当天中午 12 点 30 分正式开始,可是根据报道,当天上午桥头已人满为患、水泄不通了。文中记述:"当昨晨十时许,各界往

人声鼎沸的典礼现场

竣工典礼上严阵以待的法国军警

观热闹者,已人山人海、拥挤异常。特别三区方(的)桥端、向南拦有赤绳,不准通过。观众皆向纬二路及经二路交叉处狂奔。"可见主办方在活动前,并未进行精心的布置与筹划。对观礼人群的聚集位置和参观路线也没有妥善安排,才导致看热闹的老百姓犹如一群没头苍蝇,四处乱撞。面对如此混乱的局面,组织者又采取了怎样的措施予以应对呢?文章接着写道:"然该处军警把守更严,故仍不得至桥头。而一般类似工人或衣短衣者,且被武力驱逐,即衣长衣而不乘汽车马车者,亦不得过。至法租界桥头,则更密布法国军警,荷枪实弹,如临大敌。法警且不时以木棍驱逐观客,惟外国人则得享受'不挨打'之特权云。"面对既无恶意,又手无寸铁的民众,租界巡警竟然用木棒驱逐,甚至痛下黑手。而且以阶层为标准区别对待,实在令人愤慨。

1927年10月21日的《益世报》中刊发了《走过桥来》一文,署名"梦天"的作者用散文的笔法撰写了万国桥通车典礼的观后感。其中也再次提到了当局的暴力执法,印证了此事的真实性:

我前去过桥的时候,是十二点五十分了,所有的典礼业已举行过,既没参加,也没参观,只随着潮涌也似的群众,从特别三区走到'法国地'……后来我听说,桥头有洋棒打人的事。我又十分叹息。

人不分老幼、身份不论贵贱,人人生而平等,这是近代以来西方社会矢志不渝追求实现的愿望。而在20世纪20年代的天津,也许人们还未曾有过这等认识,但"洋棒打人"却是不争的事实。这再次诠释了那句名言——落后就要挨打。

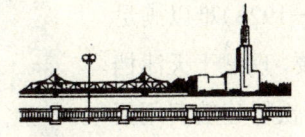

建桥费用 一塌糊涂

筹款矛盾 催生桥捐

20世纪初,随着天津经济日趋繁荣,海河两岸的交通压力与日俱增,老万国桥(1904—1928)难以满足城市快速发展的需要。现藏于天津档案馆的《天津新万国铁桥建筑费用报告书》在开篇就写道:

窃查横跨海河之旧万国桥系于前清光绪二十九年十二月间(即一千九百零四年一月间)开始通行。当中马路宽二十二英尺,两旁

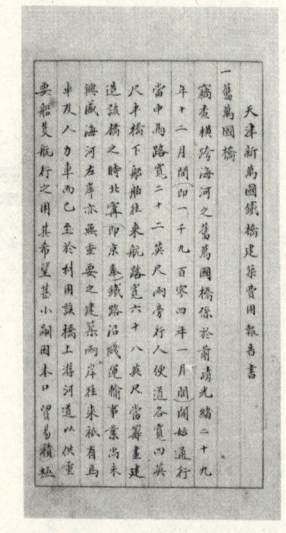

天津新万国铁桥建筑费用报告书

行人便道各宽四尺半。桥下船舶往来，航路宽六十八英尺。当筹划建造该桥之时，北宁(即京奉)铁路沿线运输事业尚未兴盛，海河左岸亦无重要之建筑，两岸往来只有马车及人力车而已。至于利用该桥上游河道以供重要船只航行之用，其希望甚小。嗣因本口贸易积极发展，各租界地面逐渐开拓，电车、汽车之交通先后设置，而海河两岸人民繁衍，铁路运输勃兴，加以本口停轮界限有应行推广之必要，于是建造新桥乃为当务之急。盖一面海河两岸交通赖以便利，一面沿海船只亦得直抵该桥上游码头也。

正是在此之际，兴建新桥的设想呼之欲出。

建筑新桥及拆卸旧桥问题发起于民国五年，当时日本驻津总领事松平君(现任日本驻伦敦大使)曾请求津海关税务司梅乐和君将本口停轮界限展至金汤桥地方，俾

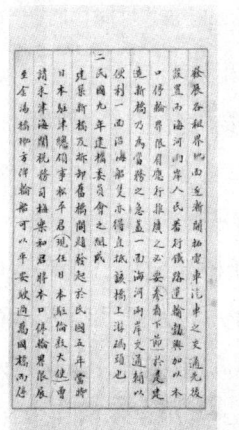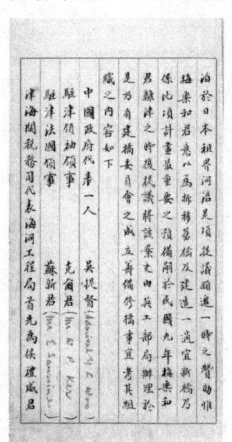

天津新万国铁桥建筑费用报告书

20世纪20年代,老万国桥(1904—1928)交通颇为拥挤,筹建新桥迫在眉睫

轮船可以平安驶过万国桥而停泊于日本租界河沿。是项提议颇邀一时之赞助,惟梅乐和君意以为拆移旧桥及建造一适宜新桥乃系此项计划最重要之预备。嗣于民国九年梅乐和君离津之时,复提议将该案交由英工部局办理,于是乃有建桥委员会之成立筹备修桥事宜。

由天津海关道、津海关、各国租界当局、洋商总会、轮船驳船公司等各重要机构派代表组成建桥委员会主持一切事务。至1922年初次预算桥梁建设费用约需银72万两,贷款利息7%,分25年还清。此外,还加上建成后正常运行的管理维护费,每年70万两。按此筹款总额,对照评估各租界在新桥建成后从中获取收益的比例,初步确定了各方分摊缴纳款项的方案为:日租界140,000两(占20%);法租界105,000两(占15%);俄租界105,000两(占15%);意租界70,000两(占10%);特二区70,000两(占10%);民政局70,000两(占10%);英租界70,000两(占10%);特一区35,000两

(占5%);邮政与铁路21,000两(占3%);比租界14,000两(占2%),合计700,000两。

在该方案中,日、法、俄三租界当局的分摊比例远远高于他方。当时认为桥梁建成后,会极大便利法、俄两租界的交通往来,同时也能给海河上游日租界船只提供便利。所以,上述三个租界当局是建桥的最大受益者,理应在工程款中担负更高额度。可是,法、日、俄三方对此极为不满,认为这种分摊方式缺少令人信服的评估依据。桥梁建成后,相关各方都会或直接或间接地获益,既然利益均摊,那工程款也该共同承担。在此情形下,筹建大桥之事不得不暂时搁置。

大桥筹建伊始,各国租界当局因都能从中获益而一拍即合。但当经费问题摆在眼前,各方又相互推诿,争得面红耳赤,宁肯推迟建桥也毫不相让。

其实早在20世纪初,老万国桥(1904—1928)的管理及修护费用就成了租界当局的一块心病。1904年,中国当局要求列强驻津领事团解决桥梁维护费的问题。经领事团讨论后,决定了各国租界当局以及中国方面以对大桥的获利比例来分摊养护费。但此方案只执行了一年就因分歧过大而作罢。这与上述建桥筹款的方案如出一辙,也就注定此方案在建设新桥上是行不通的。

正当各方一筹莫展之时,一个人的出现让大家眼前一亮,此人就是津海关税务司威厚澜。1922年底,他编制出了一个新的筹款方案。1922年12月18日《威厚澜为建万国桥费用分担与浚河税事致安格联呈文》(译文,原文为英文)中集中反映了其主张。

他认为根据各租界在建桥后获益程度来分摊工程款的方案,存在先天缺陷。这样操作,缺少评估过程中令人信服的计算依据。同时,工程款能否按时到位,与每一个租界都息息相关。只要其中一方不能如期付款，就可能有造成拖延工期的风险。此外，当时对工程款的统计只是预算，无法确定其精确费用。一旦款项超支，需要各方继续按比例分摊多余份额。各方到时是否会提出异议，无法预计。因此威厚澜提出：

> 建设新桥梁系天津发展所致，其来自一般公众之要求而并非为某特定租界或其利益。故建桥之费用支付应采用最为普通可行之办法。倘若本市受单一政府管辖，此万国桥之建设工作应可按比例分担，而天津则不可行。现有一种税收可以尝试，即人人缴纳之浚河税。此税收来源于关税，用于河流疏浚，比例为全部进出口关税总和之4%，对全民以间接税形式征收，故纳税人无感觉。故建议今后若干年内，为筹措新桥及其引桥建设费用，提高浚河税至关税总和之6%。正常贸易情况下，4%比例之河流税收额为每年25万两。倘若提高征收比例2%，相应每年将有12.5万两可用于筹措新桥贷款。贷款利息之7%将于7年间全部偿清，此后即可取消浚河税外加之2%。

该方案还有一个好处，就是不受预算限制。即便预算超支再多，仅将捐税征收期限延长，那所需资金便可源源不断地供应上。这就为日后万国桥工程款的暴涨和捐税征收期一再延长埋下了伏笔。

关税是指一国海关根据该国法律规定，对通过其关境的进出口货物课征的税收。在民国年间，关税是我国财政收入的最主要来源。换句话说，关税就是老百姓辛勤劳动的血汗钱。这些血汗钱被列强控制的海关税务司巧立名目，以花样繁多的名义提高征税额度，而普通民众竟浑然不知。此般伎俩无疑严重损害了中国的利益。可是，对于各租界当局来说，他们不用掏一分一厘便坐享新桥建成带来的便利与实惠。如此好事，犹如天上掉馅饼一般。因此，该方案一经提出便受到相关利益方的一致欢迎。

在1922年12月19日至1922年12月20日《威厚澜为建万国桥及征桥梁税事致安格联呈文》（译文，原文为英文）中确定了该税收的名称。

> （关于）万国桥事。今万国桥会议对昨日呈报之备忘录内容已形成决议，领事团长将该决议发送至领事团各成员，以便彼等与各自商会就此议题进行商榷，同样资料将发送至民政局。所言税收称谓问题将在以后决定。若阁下与相关各方同意可与浚河税一并征收，称其为'桥梁税'。

"桥梁税"（简称"桥捐"）由此产生，并贯穿着万国桥建设的始末。经过各级主管部门及相关单位的审核，筹款方案终获批准。根据1923年7月31日《直隶省长为天津建筑万国桥筹商经费事令津海

万国桥全景

关监督》的档案记载：

> 天津建筑万国桥接连俄法二界筹商经费方法，近经使团会商，查该桥全部工程预估价值约需银七十万两，拟办借款以资应用，并拟于天津海关为开浚海河工程，现征进出口货'值百抽四'之河捐上，加征'值百抽六'以偿上项借款，该项加征之二成河捐，一俟借款清偿。应即废止。

到8月12日，天津的各大报纸同时对此事进行了报道。《大公报》的标题为《改建万国桥之筹款办法》，《益世报》则刊发《改建万国桥加征河捐》。两篇文章中均提到：

> 查天津改建万国桥。工程颇巨。就地筹款不易。使团拟于天津海关为开浚海河工程。现征进口货'价百抽四'之河捐加捐二成。以为建桥之用。

至此，"桥捐"一事被昭告天下，并由此走上历史舞台。

工程费用 骤涨百万

万国桥征收桥捐的最初计划为总数70万两，每年征收15万两，约6年即可结束。在1923年7月31的《直隶省长为天津建筑万国桥筹商经费事令津海关监督》中也有明确记载：

> 天津建筑万国桥接连俄法二界筹商经费方法，近经

使团会商,查该桥全部工程预估价值约需银七十万两,拟办借款以资应用,并拟于天津海关为开浚海河工程现征进出口货'值百抽四'之河捐上加征'值百抽六'以偿上项借款,该项加征之二成河捐,一俟借款清偿应即废止……据该委员会预计此项加征之桥捐,每年约可收十五万两,以之逐渐偿还借款本息,大约不出六年即可全数偿清。

按照如此规划,从1923年10月1日起正式征收桥捐,至1928年便可基本完成。然而在大桥竣工通车前,海河工程局秘书长甘博乐于1927年6月24日就万国桥的财政情况向津海关致函。在《海河工程局秘书长甘博乐为报告新万国桥财政情形致函津海关监督》(译文,原文为英文)中这样写道:

查暂行桥捐系政府核准,于1923年7月25日经外交部转由北京公使团领袖公使饬知,于是年10月1日开始办理。按此项桥捐系依照海关进出口正税百分之二征收,例如有进口货估价银二千两,海关征正税银一百两,则桥捐当征二两也。兹依据本局历年报告,将由1923年10月1日起至本年现在止之桥捐收入列表如下:

一九二三年十月至十二月　银44278.34两
一九二四年　　　　　　　银162186.99两
一九二五年　　　　　　　银190174.36两
一九二六年　　　　　　　银181619.78两
一九二七年现在止　　　　银84480.83两
总共银六十六万二千七百四十两三钱

估计全桥费用赔偿地主损失及重修马路等，约需银一百四十三万五千八百四十二两九钱一分。桥工完竣之后，本局之意，尚须将旧桥拆毁，并移建于1924年全部为大水冲毁之红桥旧址以上之公益斗店前，以上两项费用约需银二十万两，即桥捐一年大约之收入也。此外，尚拟筹预备金十万两，其息金平日足以供给轻微修理，遇有重大损失即可以本金应用。总核上开各费，若照现在征收情形计之，至1932年底止即足征满该数矣。

这封信的目的只有一个，就是希望延长万国桥桥捐的征收期。依据的理由是，原计划的桥捐远远不足以支付建桥的总工程款。同时，这里还第一次将建桥工程款从预算的73万两增加至173万两（总工程款143万两+拆除旧桥并移建大红桥处需20万两+预备金10万两=173万两）。如此一来，桥捐征收期限需要延长到1932年底方可征齐。

外国人画笔下的万国桥

中国政府收到此信函后不久给予答复。根据1927年8月13日《直隶省长褚玉璞为建新万国桥附件河捐展限事令津海关监督》的记述：

　　　　本部复核此项附加桥捐，历时已及四载，究竟前项借款已否偿清，截至现在共已实收若干，所有历年收支细数未据专案造报……本部统核全案，与前次使团商请之数大相悬殊,在民国十二年估定全部费用只需银七十万两,今如海河工程局函称各节乃至一百四十余万两,未免漫无限制,殊难认为确当。所有前项桥工用费,应仍以原估数目为定。至此次使团续请展长附加河捐一年有半,以为拆卸旧桥迁移安设及筹预备金生息,以供轻微修理并备将来大修基本核数约共三十万两,拟即照准办理,综计前后两岸合共需银一百万两,应兹开征之日起截至收足一百万两时即行停止,以资结束。

在文中,中国政府对于海河工程局要求延长桥捐的说法也存有颇多质疑。首先,他们认为1923年时原定工程款为70余万两,此时骤增至140余万两,"未免漫无限制,殊难认为确当"。其次,海河工程局只将1924至1927年的桥捐收入公开,而在支出及借款方面如何处理,并未披露,理由让人难以信服。

在此前提下,中国政府未同意增加建桥工程款的请求。只是增加了拆卸旧桥移建他处和预备费共计30万两。从而将原有的桥捐总额70万两增加至100万两,并将桥捐的期限延长一年半时间。

再次涨价 公众哗然

1927年,第一次桥捐延期中已经言定,增加桥捐30万两,期限延长一年半,也就是截止到1929年。就在桥捐再次即将到期的1928年底,海河工程局第二次提出了申请延期的要求。在1928年11月《甘博乐为请转呈政府核夺延长征收桥捐事致函津海关监督》(译文,原文为英文)中记载:

敬启者。关于延长征收桥捐，以备建筑新桥拆毁旧桥并将旧桥重建于公益斗店及预备费等事，早经函达在案。中国政府既将桥捐加以限制，准收一百万两为止，则明年一月或二月间，此项桥捐必须停止征收，即建筑新桥及拆毁旧桥等两项开支下本局已负五十二万零三百七十七两九钱之债务。兹特列表陈明。

建筑新桥及拆毁旧桥项下：

新桥之费用　　　　　六五四,八五九.四二两

购地费　　　　　　　五五七,二六八.六五两

旧桥因一九二四年为大水冲坏修理费

　　　　　　　　　　三,四二四.二〇两

公债及利息　　　　　一九二,四八七.四〇两

杂费　　　　　　　　四四,九六三.二三两

拆毁旧桥之费用　　　六七,三七五.〇〇两

总计　　　　　　　一,五二〇,三七七.九〇两

除上开款目外，尚有重建旧桥于公益斗店前一切费用，新桥养桥费及新桥行船通信台之费等俱无所出。兹将各费列下：

重建旧桥与公益斗店前　一四一,五五四.〇〇两

新桥养桥费　　　　　一〇〇,〇〇〇.〇〇两

通信台建筑费(见1928年8月30日之第三五〇次会议之记录)

　　　　　　　　　　二四,〇〇〇.〇〇两

公债及利息(大概)　　一二〇,〇〇〇.〇〇两

杂费(大概)　　　　　九,〇〇〇.〇〇两

总计　　　　　　　　三九四,五五四.〇〇两

延长桥捐一事尚未蒙政府之批准,近来政府已经改组,故董事部特饬秘书长函恳贵监督即将此事转呈政府重行核夺为荷。

这一次海河工程局开列了更为详尽的工程款支付清单。对比第一次要求桥捐延期的内容,笔者做了如下汇总:

费用名称	金额(两)	备注
一、建筑新桥及拆毁旧桥项下:		
新桥之费用	654,859.42	原计划桥捐部分
购地费	557,268.65	1927年第一次桥捐延期未批准
旧桥因1924年为大水冲坏修理费	3,424.20	1927年第一次桥捐延期未批准
公债及利息	192,487.40	1927年第一次桥捐延期未批准
杂费	44,963.23	1927年第一次桥捐延期未批准
拆毁旧桥之费用	67,375.00	1927年第一次桥捐延期批准
合计	1,520,377.90	
二、除上开款目外,尚有重建旧桥于公益斗店前一切费用、新桥养桥费及新桥行船通信台之费等俱无所出。兹将各费列下:		
重建旧桥于公益斗店前	141,554.00	1927年第一次桥捐延期批准
新桥养桥费	100,000.00	1927年第一次桥捐延期批准
通信台建筑费	24,000.00	新增费用
公债及利息	120,000.00	新增费用
杂费	9,000.00	新增费用
合计	394,554.00	
以上两项总计	1,914,931.90	

根据这个清单上开列的数据不难发现,多数金额都是有整有零的,很明显这一部分是实际发生的开支。而类似新桥养桥费、通讯台建筑费等,均是整数,说明是还未发生的估算金额。从中也终

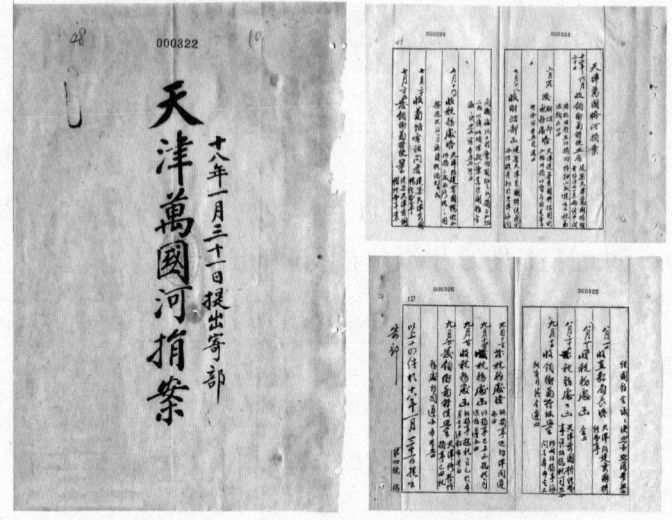

天津万国桥河捐案档案

于找到了1927年桥捐第一次延期时,建桥费用由70万两增长到140余万两的根源之所在。"购地费、旧桥因1924年大水冲坏修理费、公债及利息、杂费",这些就是骤增费用的流向。

此外,将上述费用的合计再次飙升到190余万两,才是海河工程局的最终目的。同时,至此公函发出时(1928年11月),修建万国桥所发生的各种费用,已实际支出150余万两,早已突破1927年桥捐第一次延期时约定100万两的底限。当下木已成舟,而且此时的万国桥造桥及养护等费用,犹如一个欲壑难填的黑洞,后续还要往里面投入多少钱?似乎谁也没有底。

其实,对于建桥工程款项一事,早在大桥竣工以前,社会舆论就颇有微词。《大公报》在1927年9月11日以《新万国桥"双十节"通行》为题,第一次预告万国桥竣工典礼时就提道:

> 又据某机关消息,该桥建筑之际,海河工程局招人投标,并无图样。故各投标人均自己绘图、自己开价,致开标时工价高下无从比较。又以法总领事为现任海河工程局三董事之一,该桥既为特别三区与法租界之联络线,则将来管理上与法人关系尤多,遂由法国工程师承揽建筑。如海河工程局当时制定图样,招工投标,则所费当不如是之多云。

可见当时记者就对法国人的暗箱操作充满怀疑。事情也正如《大公报》所料,万国桥工程款一项问题尤多。从最初预计的70余万两,到1927年的140万两,再到1929年已暴涨至190余万两,其超支数额之大令人瞠目结舌。俗话说,"纸里包不住火"。如此严重的问题迟早会露出马脚。1929年初春,此事便被公之于众。作为当时最热点的新闻,成为各大媒体争相报道的对象。

在1929年4月15日的《益世报》中《外国人之拆烂污》一文中,更是将此事比喻为"拆烂污",并解释道:

> "拆烂污"者,江南俗语,意即谓事之不由正道也,人之"拆烂污",则其人必有不规则之处,记者兹欲报告一件外国人之"大拆烂污"事,其事维何,即建筑新万国桥是已。

当时舆论对此事的义愤填膺,由此便可管窥一斑。文章接着写道:

> 新桥建筑费,估价为七十万两……该数仅为工程师

所估之数，其后逐渐加增，至最近闻全额须一百九十余万两。以银元作六钱八行平均约值墨银三百万两，较原估价高出一倍有余。三百万元之数目非少数，在被外人搜刮后贫穷之中国，尤非小可。该款虽非直接由国民缴纳，然海关加赠附捐后，货物价亦随增，中国人为消耗货物者，故一切担负，仍□接由国人任之，洋人枪炮虽坚利，然不能不讲道理，间接用国□□款项，而敢以"拆烂污"□□□，□□报销，欲以含混了事，在以前官吏怕洋人之军阀时代尚不可，况在今力图革新之国民政府……

随着事态的不断扩大，其影响不仅限于津城，甚至惊动国民政府。中央财政部颁发训令，专门彻查此案。公函由天津特别市政府首先收悉，市府以此事有关河务，故交港务局、工务局商办。其后因涉及款项及地理关系，又加入河北省财政厅、建设厅两部门共同商议进行。参与者有：港务局秘书黄霭如、技正邵福宸，工务局科长王毓敏，财政局秘书唐芝轩、张玉振、李士奎及省政府委员朱延平、成金声等人，以下简称"工作组"。

当工作组的调查逐渐展开时，他们才发现，最初由天津海关道、津海关、各国租界当局、洋商总会、轮船驳船公司等各重要机构派代表组成，主持大桥建设一切事务的建桥委员会，在桥梁移交给海河工程局后即已解散，余下未尽事宜均委托该局代为履行。由此，海河工程局的代理秘书长钮曼（Newman）就成了彻查的第一对象。

1929年3月8日，工作组第一次派员对钮曼进行走访。钮曼虽就调查问题分别答复，但终究含糊其辞、不得要领，所以事后请他以书面见覆。3月21日工作组收到钮曼呈报之函件言辞甚为狡辩，文中略称：

> 该局董事不知应受原估数目之限制，以为此项捐款既由当地筹措，自能继续征集至足敷应需费用为止。本局董事会既被选为天津社会之代表，为增进公众利益计，以该社会之捐款建筑桥梁。苟不确知有处理事务之充分自由，则对于超过原估数目意外之支出银额，必不予以允准。倘谓本局董事权限或有越俎，殊敢断言，纯本忠诚意旨，为公众谋幸福。

4月13日，工作组再次与钮曼进行当面会晤，当时他正系抱病在身，带病相见。专员向其索要新万国桥建筑详图、估计单作法说明书、包工合同、新桥两岸之拆房购地修马路估价图、拆旧桥合同等文件。钮曼答称，各种均无成案，需要向各有关单位函索，补送以备查核。4月16日，工作组收到新桥包工合同、旧桥拆卸合同各一份。其余文件均未在提供之列。

工作组对海河工程局核查后发现，其对万国桥工程无全部费用预算。所有用款仅有账簿可查，而相关工程计划图、均无案可稽。对于日后工程费用，海河工程局更无详细计划，制定预算多属臆测。

1929年由天津大公报馆发行的《天津特别市财政局民国十七年度财政年刊》中收录由天津港务局主笔，会同财务、工务两局共同起草的《会呈核议万国桥工程经费延长征收桥捐一案谨将派员彻查情形及会同拟具意见仰祈鉴核文》一文。文中对海河工程局在万国桥工程一案中有如下评价：

综查海河工程局对于万国桥工程全部计划,既不精确,手续尤多疏漏。在事职员又狃于专断,欺蒙之习,任意处置,悍然不顾。是以派查以来,对于调查一切图案,不曰代为搜集,即谓无案可稽,延宕含糊,不可究诘。试问以百余万价值之巨工,其计划图案仅存之于外国包工人之手,而主营负责机关转致一无稽考,即非托词诿卸其手续,宁当如是?以超过预算一倍以上之巨款,不先期呈请追加听候核准,而仅于请求延长桥捐。案内一再增列数目,其心目中尚有吾国政府耶?

附录一：

外国人之拆烂污 万国桥用款超过估价事

"拆烂污"者,江南俗语,意即谓事之不由正道也。人之"拆烂污",则其人必有不规则之处。记者兹欲报告一件外国人之"大拆烂污"事,其事维何,即建筑新万国桥是已。此事已经国政府命令查办,其以前进行情形,报纸已略有揭载,惟语焉不详,兹将记者数日来所探刺之较详细情形,分志于后。

新桥建筑之经过：一九二五年春,津埠各国领事集议,以租界内外之运货增加,须设法增加法租界与特三区之交通机关。经查勘之结果,决定在法租界裕中饭店附近建设一铁桥,通至特三区之对岸,则以后交通,可不必经邮局门前之红牌电车道。由津领事团与我国交涉署接洽之结果,决定由津海关内征收附捐,作为建筑经费。由海河工程局之三董事（中国津海关监督向例为董事之一,然无实权备位而已）及海关税务司等组织一桥务委员会,办理该事。先招商承办,据投标之结果,乃由荣兴洋行包工计划设施,由法籍工程师白璧仿照芝加哥最新图案,为之估价先核算七十万两,言定三年交工。白氏在工程进行时期,住华法银行楼上计划监督一切,亦煞费经营。至民国十六年九月间全桥工程告峻,十月十八日举行开桥礼。中国方面代表齐耀珹、吴毓麟、荷兰公使馆欧登科、比国公使及海河工程局局长甘博乐等均参与盛礼,中外人士咸集注目。新桥既通,来往称便。略查桥方概样,则长凡三十四丈,宽约十八丈余。桥柱入水二十八尺,宽七尺,每方尺可容四千磅之重量。桥体全为钢铁所制,作灰色。各横木皆直立无撑支之处,极便利交通。桥身启闭,悉用电力,约需时数分钟。电机即设在桥之上端,磨电机则在桥之左侧,电流力量为二百码。铁板衔接边成锯齿形,并相参对,接连后宛如天衣无缝之平坦大马路焉。

七十万相差尚远:新桥建筑费,估价为七十万两。既如上述然该数仅为工程师所估之数,其后逐渐加增,至最近闻全额须一百九十余万两。以银元作六钱八行平均约值墨银三百万两,较原估价高出一倍有余。三百万元之数目非少数,在被外人搜刮后贫穷之中国,尤非小可。该款虽非直接由国民缴纳,然海关加赠附捐后,货物价亦随增,中国人为消耗货物者,故一切担负,仍□接由国人任之。洋人枪炮虽坚利,然不能不讲道理,间接用国□□款项,而敢以"拆烂污"□□□,□□报销,欲以含混了事,在以前官吏怕洋人之军阀时代尚不可,况在今力图革新之国民政府,故结果。

中央令查核帐目:令文由财政部颁来,津特别市府先收到。市府以此事有关河务,故交港务工务局等商办,其后以款项及地理关系,又加入河北省之财政及建设两厅之代表,共同商议进行。以上各代表会集议数次,先访问负有责任之桥务委员会诸人,及查询始知该委员会早已解散,一切未完事务,尽诿之于海河工程局,原董事英人某,现已回国。此时所可执为负责者为纽门 Newman,亦大不列颠籍。港务局秘书黄霭如等,日前曾去纽门宅晤纽门后,告以奉令查核之意。纽门闻言,至为惊讶(惊国人之已醒悟,认真查洋人之糊涂帐,知奴欺主人事之已发现也)据谓一切帐目,俱有凭单,手续甚为齐备,拒绝报告。旋黄等加以解释,始稍稍吐露内容。大意谓桥务会所估价之七十万两,实在不够。初估价时,材料价均甚廉省,及工程之半,一切材料既倍费于前价格,亦较昂贵,故增至一百四十余万。初以为尚可敷用,孰意仅足付已付之款,而所欠各项材料工价,尚无着落,故总数当在一百九十余万两。惟此事系桥务委员会所负责,今则该会既解散,工程师及税务司亦已去华,详细内容,难以稽考等语。黄等当即向其索包工时所绘之图样,纽氏答称图已寄回法国。黄等以初次访问未便再询,故辞去。此三日前交涉经过情形也。

趋往病榻晤纽门:其后查帐诸人,乃以公函致纽氏,要求正式晤谈,函中约定十三日晨十时晤面。纽氏乃于十二日晚以电话,称现时患病请改期。黄等以电话通知,非如以公函之正式关照,故仍按原定时间往访。同行者除黄秘书外,有港务局之邵技正、工务局之王科长、建设厅之朱技正、财务局之陈科长等多人,至则见纽,确系抱病,热度高至一百零三度,然仍出相见。黄当将省府方面各代表介绍,并告以我方意旨所在,略谈片刻,即约于下星期再会,故晤谈数次尚未有相当之眉目。

查帐之四种根据:我方已大约确定,黄秘书日昨语记者云。此次查帐,决不能仅视其帐目收据。海河工程局之担任建筑此桥梁,其超过预算,不先作报告请批准,擅自作主,手续上即有不合法之处。关于用款内容,是否正当,拟参考:①桥梁之图样,②材料之估价,③合同之内容,④一切帐目与欠款表。将来查帐,即根据上述四点追究。如果图样真如纽门所说,已寄回法国,则当就近借法租界工部局备案者参考。总之,外人欺蒙国人之行为,在今日青天白日旗帜之下,决难任其存在,且三百万元亦非小数目,更不能任其含糊了事。此事起后,各外国领事对于负责之海河工程局及桥务委员会诸人,极不满意。惟各西字报,对此事详莫如深。本报应揭出其内幕,使国人知外国人作事之不尽可靠,应随时加以监督纠正也。

追询桥务会公函:又据本市财政公务港务三机关消息,该局等为探询桥务会内容起见,曾致公函纽门既如上述,兹探录其致董事会原函如下:径启者,查万国桥经费全案,前经本局等,于三月三日函致贵局董事会,将案卷检交审核,又于三月二十日函催检交,同月二十八日收到贵局董事会二十三日复函,当即由本局等传阅均悉,在本局等之意,以为在表示任何之前,应先询问下列各事项:①桥务会之产生来历及根据,②桥务会之成立日期及组织,③桥务会之职权,④桥务会员之人选,及是否工程家,⑤桥务会现下是否存在,如已解散,应说明其解散日期及理由,⑥桥务会末次报告原价单,⑦海河工程局承办桥工,系受何种机关委托,举办新桥及拆卸旧桥等工程,系由何种公司承办,是否经过招标手续,并请将招标章程,承办公司合同,详细开示。以上各节,应请即日答复,以凭办理。再关于此案,河北省政府,亦经同时接到财政部同一公文,并经派定成君金声、朱君延平,会同本局等调查贵局前后工程计划及需用款项,兹一同前往,即请查照为荷,此致海河工程局董事会。

(1929年4月15日《益世报》)

附录二：

会呈核议万国桥工程经费延长征收桥捐一案谨将派员澈查情形及会同拟具意见仰祈鉴核文

呈为遵令核议万国桥工程经费延长征收桥捐一案谨将派员澈查情形及会同拟具意见恭呈仰祈鉴核事案奉津字第五百七十号训令内开准财政部咨询、据津海关监督陆近礼呈称：天津万国铁桥于民国十二年建议建，至十六年七月竣工，使团第一次照请建桥费用预估数目为七十万两。第二次照请自十六年八月起，延长桥捐一年有半，以为拆卸旧桥、迁移安设及养桥经费，核数约为三十万两。均经先后核准乃未几复以全部桥工所需费用统计一百七十余万两照请延长桥捐。其中所列用途均系英人甘傅乐开造，兹复据甘傅乐来函，所述则建筑新桥及拆毁旧桥项下已用去一百五十二万余两，而重建旧桥及养桥等费尚需三十九万两，总计为一百九十余万两。若照从前核准成案，收至一百万两为止，则明年一、二月间此项桥捐必须停止征收。若准其延长，则照此次数目尚须推展五年方能收足。且该局用款率先发行公债，而工程建筑又取决于海河浚河委员会，该会权操外人。倘此五年中再有兴筑，更加以公债利息，则桥捐延长将无已时。若不与延长，该局目前所负之债及属无法弥补。究应如何办理？谨详述经过情形，照译甘傅乐来函，并抄录前直隶交涉员会同津海道尹呈复文稿，呈请鉴核示遵等情。查此案据前直隶交涉员等查复，各节均系根据该海河工程秘书长、会计等洋员之报告，语近敷衍，殊欠详实，要以事权向归外人之手。前北京政府未尽监督之责，遂致该项费用任其一再追加，自七十万增至一百九十余万两。可见该工程局以前对于此项工程并未有精确之估计，则历年所用款项即难免无虚縻之情事。虽前北京财政部曾核定此项费用应以一百万两为限，而据该监督转据该秘书长来函所述，建筑新桥及拆毁旧桥项下业用去一百五十二万余两。则以前一百万两之限制事实上已难适用。又移建新桥及养桥等项用费似亦在所必需，既经前北京政府准予在该关附征之河捐加征二成以为该项费用值兹功亏一篑之时，自未便遽尔中辍，致使款无所出。本部详核本案事实，以为在本国海关所附征之捐款修筑中国领土以内之桥梁政府应有完全之主权。对于该工程局以前经办该桥建筑拆毁工程所用之款项应由政府切实稽核。对于该工程局以后计划移建旧桥、养护新桥与建筑通信台备付公债本息及各项杂费所应需之款项，均应由政府审查其预算，监察其出纳，庶于维持该项工程之中仍寓限制用款保全主权之意。所有该项工程全部需费若干，以前工程所费若干，有无浮滥侵蚀情弊除去该关已征捐款尚负债额若干。以后工程及各项费用尚需若干，自应详加审核。贵市政府对于此案有无他项意见，事关地方重要建设，除分咨河北省政府并指令该监督外，相应抄录海河工程局。原函及前直隶交涉员等查复，原呈咨请查核见复以凭核办等因，准此除分外，合行照录抄件，令仰该局即便遵照。会同财政、工务两局迅速详细核议，具复以凭，核转此令等因。奉此遵即会同商酌，派定局员王毓敏、张玉振、唐芝轩、李士奎、黄霭如、邵福宸及省政府委员朱延平、成金声等，会同前往澈查并随时以书面查询。关系事项正在核办，间复奉到第一一一零号及第一一五六号训令。以先后接准财政部代电及篠电，对于万国桥工捐案亟待解决，请查先后咨电迅予核复等因，令催职局迅将详查妥议办法。呈复核办此令等因，奉此。窃查海河工程局权操外人，对于各项工程及其费用把持，专擅任意支销，积欠相沿浸成习惯。此次奉令澈查万国桥工程用项亟欲仰体。

政府慎重捐税,保全主权之意,认真考核一扫从前敷衍瞻徇之习而该局积弊甚深,怙过尤甚。开始查办以来对于该员等应行澈查事项,或尽允搜集资料,或诿诸无案可稽,其中困难之点不一而足。迭据委员等设法钩稽,先就查询所得分别报告。前来职局等一再会商谨将前后澈查情形及会同拟具意见分别为我市长缕晰陈之。

一 澈查经过情形

(甲)职局等奉令后即经会同讨论,派定专员于三月一日详叙事由,会函海河工程局董事。会请其转饬主管人员,将关于万国桥工程经费全案检交审核,如有查询之处并即详为声述。

(乙)三月五日由派出各员会议进行查核办法。八日齐赴海河工程局,代理秘书长钮曼接见。为长时间之查询,虽经钮曼君分别答覆,终不得要领。结果请钮曼君以书面见覆。

(丙)三月二十一日收到海河工程局覆函并抄附代理秘书长呈报董事会之文件。其秘书长报告中之结论略称:"该局董事不知应受原估数目之限制,以为此项捐款既由当地筹措,自能继续征集至足敷应需费用为止。本局董事会既被选为天津社会之代表,为增进公众利益计,以该社会之捐款建筑桥梁。苟不确知有处理事务之充分自由,则对于超过原估数目意外之支出银额必不予以允准。倘谓本局董事权限或有越俎殊敢断言,纯本忠诚意旨,为公众谋幸福"等语,其词甚辩。至所列经费账目虽据称随时可以检核,但该桥原有工程计划图说,该局尚须征诸巴黎。旷日持久,勘校无从,亦难得其底蕴。

(丁)省政府成、朱两委员于三月初到津,适派定专员已先赴海河工程局接洽书面答复,遂定于接到答复后会同讨论进行办法。旋于二十七日接到海河工程局复函。于四月十日开会讨论。于十三日同到该局，钮曼秘书长带病接见。当经该局委员等面索新万国桥建筑详图、估计单作法说明书及包工合同又该新桥两岸之拆房购地修马路估价图单与拆旧桥合同又将来之管理事务室通信台移安旧桥拆房购地修马路修河坝等工程计划图及估价单等项，请其迅予检送。该秘书长答称，各计划式等件局中均无成案。但允向各有关系机关函索，补送以备查核。并经该秘书长声称，适患病已数日。目前尚未退热，俟病稍愈即当函约各委员等到局查核账目等语。

（戊）四月十六日收到海河工程局关于桥梁委员会组织之复函及新桥包工合同、旧桥拆卸合同一份，该员等旋即开会讨论以后继续进行办法。现已再行会函催索各项图案及询问查账日期并另函查询建筑新桥及拆卸旧桥原包工人是否完全按照原合同规定办理。如有变更，即请将变更理由及事实详细声叙。

二 财政部原咨查询各款

（子）该项工程全部需费若干：查关于万国桥工程全部费用海河工程局无全部预算。

（丑）以前工程所费若干：查关于万国桥用过工款据报已费一百五十万零四千零三十四两五钱五分。

（寅）有无浮滥侵蚀情弊：查海河工程局用款仅有账簿可查。而于桥梁工程计划图，该局声称无案可稽，须向巴黎原包公司（天津永兴公司代理）函索。至关于法界及特别三区附近桥头处赔偿地亩及拆房费用以及地皮面积房屋数目暨所修之马路计划图均属无案可稽核。代理秘书长钮曼允向各关系方面搜集。然须两三月之久方能送阅。既无图案可稽，自不能有精确之调查。

（卯）除去海关已征捐款尚负债额若干：

（甲）查海关附征桥捐据称截至一九二八年十二月底止，共收银九十七万五千九百五十二两零三分,加利息六千一百二十七两一钱七分。再一九二九年一、二月份收银二万三千零十七两三钱七分。三项共合收银一百万零五千零九十六两五钱七分。

(乙)据称尚负债额六十万两。

(辰)以后工程及各项费用尚需若干:查关于以后工程及各项费用该局亦无详细计划。其所预算五十六万余两多属臆测,将来难免仍有变更。

三 对于本案之意见

(甲)大红桥地方本不在海河范围以内,从前关于移建旧桥事项由海河工程局筹议举办,原系代办性质。现市政府既设有专管机关,移建旧桥一应事宜自不必再由该局代办。

(乙)海河工程局对于工程预算向不精确,所拟移桥费用数目自难据以为准。且旧桥拆卸后废置过久,其中毁损之件必多应增工料,当亦非原估所及。所有移桥预算似由地方机关切实覆估庶较核实。

(丙)旧桥移建大红桥地方,既为现在重要必须之工程。欲使公款有着,则对于原征桥捐应先尽数拨为移建桥工及连带关系工程,如桥墩河坝、拆房买地、修马路等项之用,并应组织大红桥工款保管委员会管理。

(丁)海河工程局所称负债六十万两,应俟该局按照原议将以前各项工程之计划图案搜集完全送经委员等详加审核有无浮滥侵蚀情弊后,在议偿还办法请示办理。

综查海河工程局对于万国桥工程全部计划既不精确,手续尤多疏漏。在事职员又狃于专断,欺瞒之习,任意处置。悍然不顾是以派查以来对于调查一切图案不曰代为搜集,即谓无案可稽,延宕含糊,不可究诘。试问以百余万价值之巨工,其计划图案仅存之于外国包工人之手,而主营负责机关转致一无稽考,即非托词诿卸其手续,宁当如是?以超过预算一倍以上之巨款,不先期呈请追加听候核准而仅于请求延长桥捐。案内一再增列数目,其心目中尚有吾国政府耶?且如本市大红桥自民国十三年全部为大水冲毁以来,地方极感困难,商民渴望修复。殆如望岁而万国桥重建新桥,自十二年建议,十六年七月竣工,旧桥拆卸亦既数年。使海河当局稍有维护地方之意,则旧桥移建早已观成,何至迟延至今尚未着手举办耶?此足见海河工程局之把持盘据不特工程有侵渔之嫌。而延误要工、损害商民,该局亦实尸其咎也,抑更有进者。海河为华北通航之要道,河北五大河唯一之尾闾,关系天津商埠及全省工商企业,至为重要。乃自海河工程局外人把持以来险象环生、怨声道载,虚縻巨款无裨航行夫?以海河工程局自成立至今历三十余年之久,一切疏浚事宜概由外人全权办理,职权不为不专。其工程用款据该局前总工程师平爵内报告,已费至一千五百余万之多,为数不为不巨。乃其结果不惟不能改善河流,增进港口,且将天然通航要街淤塞殆尽。长此以往窃恐河淤日增、航行弥阻,而五大河宣泄无自垫溺堪虞。其于省市安危、商业荣枯,关系良非浅鲜。为巩固主权及救济目前计,似应援上海市政府收回浚浦局之议,将海河工程局收归地方机关管辖,实于海河前途大有裨益。所有核议万国桥工程经费延长桥捐一案,派员澈查情形及会拟意见,各缘由是否有当,理合会同呈覆伏乞。

鉴核施行再此呈系由港务局主稿会同财政、工务两局办理合并呈明谨呈

天津特别市市长崔

(《天津特别市财政局民国十七年度财政年刊》,1929年5月11日天津大公报馆发行)

附录三：

直隶省长褚玉璞为建新万国桥附件河捐展限事令津海关监督（1927年8月13日）

案准税务处咨开：案查前准外交部咨开，准驻京首席和欧使照，据天津领袖领事函称，经理建造天津万国新桥之海河浚河委员会提议，拟将暂行加征值百抽二之特别附件河捐，自一九二七年八月一日起展限一年有半，俾资拆卸旧桥并为保护新桥之经常费用，本公使应代各关系国公使照达贵总长查照，商请中国政府同意见复。等因。是否可行，应抄录和使来照译文，咨请查照核复，以凭转复。等因。当经本处照录抄件分咨财政部及贵省长查照核复。嗣复准外交部咨称，此案和欧使又来催询，应请迅予核复等因。复经本处咨请财政部及贵省长查照前案迅予核复各在案。现准财政部咨复称，查此案前与民国十二年七月间准外交部来咨，以准领衔葡荷使照开，天津建筑万国桥接连俄法二界筹商经费方法，近经使团会商，查该桥全部工程预估价值约需银七十万两，拟办借款以资应用，并拟于天津海关为开浚海河工程现征进出口货值百抽四之河捐上加征值百抽六，以偿上项借款。该项加征之二成河捐，一俟借款清偿应即废止。前项提议经天津外国商会同意，领事团赞成，复经本公使团核准，应照请贵部长征求贵政府同意，于现征天津浚河工程河捐上暂行加征二成，俾于海关进出口税上共征值百抽六，专备偿还所拟发行造桥借款之用。一俟该项借款全数偿清，前项加征之税即行废止，并希早日见复。等因。查天津改建万国桥工程颇巨，就地筹款不易，使团拟于天津海关为开浚海河工程现征进出口税值百抽四之河捐加捐二成以为建桥之用，是否可行，咨部查照核复以凭转复。等因。经本部提出国务会议议决照办,由国务院行知到部,函请贵处查照办理案。兹准咨达前因,本部复核此项附加桥捐,历时已及四载,究竟前项借款已否偿清,截至现在共已实收若干,所有历年收支细数未据专案造报,经令行津海关监督查明呈复去后。现据复称,当经转致海河工程局查复去后,兹准将桥捐历年收入情形函报前来,理合照译原函呈送鉴核。等情到部。查译函内仅将自一九二四至一九二七年历年收入此项桥捐数目开送,截至现在综计已收过六十六万二千七百四十两零三钱,而与支出方面及借款已否清偿均未叙及,并于函内附带声明估计全桥费用赔偿地主损失及重修马路等约需银一百四十三万五千八百四十二两九钱一分。桥工完竣之后,本局之意,尚需将旧桥拆毁并移建于一九二四年全部为大水冲毁之红桥旧址以上之公益斗店前,以上两项费用约需银二十万两,即桥捐一年之收入也,此外,尚拟筹预备金十万两,其息金平日足以供给轻微修理,遇有重大损坏,即可以本金应用。总核上各费,若照现在征收情形言之,至一千九百三十二年即足征满该数等语。本部统核全案,与前次使团商请之数大相悬殊,在民国十二年估定全部费用只需银七十万两,今如海河工程局函称各节乃至一百四十余万两,未免漫无限制,殊难认为确当。所有前项桥工用费,应仍以原估数目为定。至此次使团续请展长附加河捐一年有半,以为拆卸旧桥迁移安设及筹预备金生息,以供轻微修理并备将来大修基本核数约共三十万两,拟即照准办理,综计前后两岸合共需银一百万两,应兹开征之日起截至收足一百万两时即行停止,以资结束。除咨外交部查照。照复使团知照外,应咨复查照令行总税务司转饬津海关税务司遵照。等因前来。查此案既准财政部咨复前因,自应照办。除咨复外交部并分令津海关监督及代理总税务司易纨士转令津海关税务司遵照外,相应咨行贵省长查照见复。等因。准此,除咨复外,合行令仰该监督即便遵照办理。此令。褚玉璞。

(天津市档案馆、南开大学分校档案系编《天津租界档案选编》,天津人民出版社,1992年版,第531—532页)

管理维护 不容忽视

堵车难题 由来已久

近几十年来,天津站地区的交通堵塞一直是困扰城市发展的顽疾。这里有拎着大包小裹的旅客、有匆匆而过的行者、更有左顾右盼的游人。几十条线路的公交车在此停靠、出租车停在路边等着拉活儿、私家车你来我往川流不息。便道上摩肩接踵,公路上车水马龙。南来北往的人流、物流交织起来,仿佛一团乱麻,难以理清头绪。

而解放桥则是这里沟通海河两岸的最重要枢纽,日常交通压力不言

警察在万国桥上指挥交通

万国桥头执勤的法国巡警

而喻。堵车更是家常便饭。不在桥头等几个红绿灯,您就甭想过去。直到前两年沿河两岸修建了下沉式隧道,将机动车与行人分流,又设置单行路,减少路口的交叉与拥堵。多项治理措施的出台才有了如今比较畅通便捷的交通环境。

可能有朋友会认为,堵车是工业社会高度发达后产生的新问题,其实不尽然。就以解放桥为例,这里的堵车并不是改革开放后才出现的。早在20世纪20年代,就是怎一个"堵"字了得。

随着近代以来火车引入津门,此地就是通往老龙头火车站的必经之路,清末又成为连通法、俄、意三国租界的咽喉要道。得天独厚的区位条件必然导致经济的飞速繁荣,人气的聚拢使交通流量与日俱增。建成于清光绪三十年(1904)的老万国桥(1904—1928),到20年代初就因拥挤不堪而难以满足城市发展的需要了。从1922年开始,列强就提出兴建新桥的动议,因筹款问题无法解决而被搁置。到了次年(1923),各国终于达成一致,决定修造世界最先进的铁桥。

建桥过程中,要求增加桥面宽度的呼声贯穿始终。由英国人雷穆森撰写、于1925年出版的《Tientsin: An Illustrated Outline History》（《天津插图本史纲》）中就曾记载：

(万国桥)美中不足的是，桥面车道只有40英尺宽，虽然两侧都有供行人走的便道。现在的万国桥桥面只有25英尺宽，多年来一直显得太窄了。新的桥面将加宽15英尺，但鉴于这个商埠的交通量不断增长，从租界通向铁路车站的桥只有一座，新的万国桥到1927年竣工以前恐怕就会显得太小了。

1927年10月18日，新桥正式落成。但刚刚通车就发现，正如雷穆森在预言中所说，桥上的堵车问题还在延续。为此，法租界工部局不得不在1927年10月28日的《大公报》上发布了《新万国桥货车通行规则》：

法租界工部局昨发通告云：(一)新万国桥桥头与马路接连地方，坡起不平，车辆上行，甚费气力，故满载货物之地扒车，每辆至少须有强壮者六人拉挽；(二)载负车辆，行走甚缓，如一次放行太多，则他种轻快车辆，必受影响，故每一次放行货车，至多不得超过五辆；(三)在法租界等待过桥之载货车辆，须停留于中街两旁墙角线以后地方，以免有碍十字路口之交通；(四)桥口前面地方，交通繁盛，须按规则行走，方可免去危险，故拉货车辆，不可贪图省近，横斜穿过。

1927年10月29日《益世报》载《新万国桥运货车通行规则》

次日（10月29日）《益世报》也以《新万国桥运货车通行规则》为题对此事进行报道。

原本以为新桥能够满足需求，谁料通车仅仅10天之后，主管部门就下达管理规则，治理阻塞与拥堵，这想必是所有人都始料未及的。而仔细读来，这份《通行规则》更是有趣，每次放行货车不得超过五辆，这样必然导致大量货车等候在桥两端。如此一来，桥上是顺畅了，那桥两侧呢？不是"堵车"依旧吗？

往来船只 航行规则

大桥当空开，海轮往徘徊。壮观的开桥场面堪称一道奇观。新中国成立前，这样的盛景几乎每天都能在海河上演，因此对于见多识广的天津百姓来说，早已经视神奇为平淡了。似乎开桥过船与合桥行车都是理所应当的事，并无多少繁琐在其中。现今，您如果有机会乘坐海河观光游船，穿梭在解放桥下时，多少会有一种来也匆匆、去也匆匆的感觉。但当我们还原历史，回到20世纪三四十年代的天津，搭乘一艘千吨巨轮驶过万国桥下时，也会像今天这样想来就来、想走就走、来去自如吗?

在旧天津海关的规章制度中详细记录了在万国桥水域行船的各种规定,其实在当年想通过万国桥,里面是有很多讲究的。其中明文规定:

  第九条 凡船只驶至本港内万国桥、金汤桥间,或自该处河道开驶出外者,均须遵守以下各条。

  第十条 凡船只驶至万国桥以上者,均须置备一以机器起落之尾锚,此项尾锚其大小重量,务须于使用时足便该船得立即停止,并须随时可以应用。

  第十一条 各船驶经万国桥时,均须逆潮而行,凡各船工及各轮船经理人,对于预定该船只启碇,或到桥之时刻,均须注意按照办理。

  第十二条 凡船只拟过万国桥者,于入口驶抵陈塘庄常关地方后,应在船上最易明了之处,昼间悬各国通语书中之Z字旗号,夜间悬红灯、绿灯各一盏,其红灯位置须在绿灯之上,并须汽笛鸣长声一次,至所悬之旗灯,应俟该船驶抵预定停泊地点后,方可撤下。

  第十三条 如有船只自上游经过万国桥下驶时,特别一区下端河沿之信号桅杆,昼间横悬一黑白两色之扬旗(即长形信号),夜间悬一红灯。

  凡进口各轮上驶时,见此信号均应注意,或在信号桅杆旁暂行停泊,于昼间须俟扬旗落下,夜间须俟绿灯悬挂,表示桥已开放,可行通行之意。

  第十四条 凡船只自万国桥以上停泊处下驶时,务须严格遵守法租界马家口河沿信号桅杆所悬下列之信号,以免碰撞。

  昼间 横悬一黑白色之扬旗(即长形信号)

  夜间 悬一红灯

  表示该桥不能通行,毋离原泊地点。

  昼间 扬旗落下

  夜间 悬一绿灯

  表示该桥已无阻碍,可即开驶。

  第十五条 凡遇有两船对面开行时,不得同时经过万国桥。

  第十六条 自万国桥起至法国领事署止之一段河道中。各船行驶时,不得越过或意图越过前行之船。

  第十七条 大阪商船会社对过河东方面之河道（即万国桥下流第一段湾曲处缺陷之一边),无论何船均不准停泊。所有禁止停泊船只之界限,另有通告牌规定之。但遇船只等候万国桥开放之时,该船亦可暂在此项禁止区域内停泊。

  第十八条 凡木筏非经由拖轮拖带,不准由万国桥下经过。此项拖轮其力须足以控制一切,且此项木筏及大木其排列之法,不得有碍航道。

  第十九条 如万国桥因故不能开放时,若在昼间,即在特别一区河沿及马家口暨该桥三处,同时横悬红色扬旗一面,夜间于直线上悬红灯三盏以示警告。

  第二十条 如该桥启闭无误,凡过往船只设有损害该桥,则赔偿责任当由肇事船只负之。

  第二十一条 凡有不遵本章甲乙两种章程者,即将该轮处以相当罚金,其数至多不过关平银二百五十两。

其悬挂外国旗号者,即由该管领事官罚办。若系华船,则由华官办理。

上述规定明确了船舶通过万国桥的必备条件。首先是对尾锚的要求,在船舶尾部安装可用机器控制的铁锚,并能确保船只可以随时停泊。另外,在过桥途中,要逆潮而行,且两船不能对面开行。同时,不能任意超越抢行。

明确了普遍条款后,我们可以来模拟再现一下通过万国桥的航行情景。

当船自下游上行时(自陈塘庄常关向法租界马家口方向行驶),在陈塘庄常关要白天打出旗语,夜间悬挂信号灯,表示自己将要通过万国桥,到预定泊位等待过桥后,方可将信号标志撤下。前行至特一区河沿,有一信号标志物,白天为旗、夜间为灯。见到可通行的信号下达后,方可驶过万国桥。

当船自上游下行时(自法租界马家口向陈塘庄常关方向行驶),行至法租界马家口河沿,有一信号标志物,白天为旗、夜间为灯。见可通行的信号下达后,方可驶过万国桥。

在信号的设置上,夜晚的信号灯与现今马路上红灯停、绿灯行的交通灯颇为相似。通俗一点儿理解,上行处的特一区河沿和下行处的法租界马家口河沿,就如同现今路口的停车线,要在此地等待通行指令,方能行驶。

古语有云:"没有规矩不能成方圆"。路上行车如此,水上行船也是一样。只有令行禁止,才能让桥下的交通如桥上一样井然有序。

河底电线 浩大工程

像万国桥这样规模空前、工艺复杂、技术领先的大型工程项目，往往是多学科相互交叉的庞大系统。其中任何一个细枝末节都马虎不得。某一个看似不起眼的部件都可能导致桥梁的整体瘫痪，这绝不是危言耸听。大桥建成之初，就曾因电缆问题而被困扰多年。

万国桥于1927年10月18日竣工通车，试用期一年。至1928年10月，海河工程局作为桥梁的运营方，对万国桥正式接收。在验收过程中发现贯穿于海河水下的电线出现损坏，可能影响大桥的正常开启。《海河工程局1928年报告书》中记述道：

> 新桥既经试用一年，后于本年（1928年——编者注）十月完全接收。在九月秒，曾发觉司启闭桥身之河底电线因河底冲刷竟至暴露，且有二线损毁。所幸修复后即能操纵自如。当桥初建时，上项电线实埋于通河之深沟中，以防行船抛锚等之破坏。现既发生危险，已由当局从事考虑，筹划一种较妥之电线保障焉。

原电线深埋于海河河底，而文中所说的修复则是临时拉了一条备用电线以解燃眉之急，此外还未找出更好办法予以应对。《海河工程局1929年报告书》描述了这一经过：

> 河底电线损坏一事，余曾于1928年报告书中论列之矣。为修复专司启闭之通流电线，曾经考虑各种计划。

但在采用一种较妥之法以前,暂用现在之临时电线,亦能启闭自如。"

如此办法只是权宜之计,治标而不治本。想从根本上解决问题,还要重新铺设河底电线才行。1931年,海河工程局重新购买了电线,并计划在电线外加套铁管,以作保护之用。1932年底,此工程着手展开。《海河工程局1932年报告书》中将其称为"有一项次要而细难之工程,即铺设新水底电线以开闭万国桥是也。"并详述道:"在建桥时,铺设之水底电线已有二线于1928年损坏。此或受船锚之危害,并有其他绝缘电线亦不甚适用。于是本局董事会决议铺设双线外加护管。"本次工程的施工难点在于:"须极端小心嵌电线于护管,以免保护绝线之铅层受不当弯曲之伤害。各节铁管与电线之合,重不在十三吨以下,以如是沉重之长线铺于桥底,其正确位置殊不易操持适当。"

面对如此难题,海河工程局制定了切实可行的施工方案。先在河滩上将电线抻直装入护管中。各段护管安装完成后,曲成弯头,弯头角度均为45度。这样既能使护管内的电线不受折损,又能使护管达到必要的弯曲角度。各段护管彼此之间及弯头处用螺钉钳圈加以固定。在河滩组装完成后,用多条木船并列排成双行船架,将护管及电线运至万国桥下指定位置。最后将其沉落于河底预先挖好的槽沟内。

修补河底电缆的施工现场

此工作的烦琐之处,在于多处环节都需要精确计算,以保证其准确性。

1932年第一组电线安放后运转良好。1933年又将受损的第二组电线进行更换。施工方法与第一组相同。1934年,为保证水下电线的安全性,又在水底电线四个垂直端角周围安装铁筋洋灰箱进行保护。至此,困扰大桥多年的电线问题最终得以解决。

日常管理 谁人负责

面对一座伟大的建筑,当游客们纷纷被它雄伟巍峨的外形所震撼时,往往忽略了在其背后留下过辛勤汗水的人们。

解放桥自建成至天津解放,一直由海河工程局负责日常的开启、管理和养护工作。根据1948年1月9日南京国民政府修正公布的《海河工程局组织条例》第三条规定,其下属的第二科即负责"掌理万国桥、机械修理厂及与水利有关之灯塔标志、船舶机械工程事项"。大桥的每一次开启都要有专人负责操纵机器控制完成。

在很多海河工程局老职工的记忆里,对1949年以前解放桥的白俄籍管理员印象深刻。1987年出版的《天津市航道工程处创建九十周年纪念专刊》(海河工程局,新中国成立后名称几经变更,1987年名为"天津市航道工程处",现名为"天津航道局")中,就有两篇文章提到了这位管理员。

原疏浚公司机务科工程师时彦文在《解放初期学俄文》中介绍:

> 解放初期,为了便于学习苏联先进经验,我和一些工程技术人员积极参加俄文学习。先后两次在单位参加俄文班,一次由解放桥管理员白俄罗曼诺维奇主讲,另一次由刘文标同志主讲。

另外，原海河工程局科长、厂长、上海港机厂退休总工程师刘
砅先生在《海河工》（对"海河工程局"的简称）一文中，回忆海河工
程局的外籍员工时，也提及："那个白俄罗曼诺维基是解放桥的管
理员，平时工作勤恳，也说过一些称赞新中国的话。"刘砅先生在写
到解放桥时，对这位管理员还有一段更详细的描述：

> 桥建成之后，一直由海河工负责管理。我们接管时，当时的管理员是一"白俄"，另有四名中国工人。这个"白俄"从来不许中国工人触动控制器的手柄，直到他离开中国为止。这桥本有一套图纸和详细技术资料，由第一任管理员保存。在其任职期满离职时，因为海河工没有满足他的个人要求，他就将全部资料投之海河。后来，奥籍总工程师崔德哈花了一个多月时间测绘了一张电气线路图。我们接管后发现有多处错误。按理说一个鼓形控制器加上一点电阻，用以操纵一个绕线马达，今天看来可称是一个最起码的电气控制回路。可是那时连这点技术也为洋人垄断。最有意思的是，那个白俄管理员紧紧把持着鼓形控制器的手柄，任何人也不让动。可是他对桥的构造和原理一点也不懂，有一次桥开到一半，不动了，不得不发出哀鸣，还是一位中国电气工人解除了故障，接过手柄才开动起来。还有一次修理时，桥身本来就没有平衡好，洋人竟把马达制动器打开，致使桥身自己就开了起来。桥上行人只得把住栏杆吊在空中，几辆骡马大车则从桥上溜了下来，成了天津市的一大笑话。

两篇文章出现的管理员人名不完全一样，一个写作"罗曼诺维

奇",一个记为"罗曼诺维基"。不过二者间只存在细微差别,是不同的翻译版本所致,两个名字指的是同一个人。从上述文章中不难看出,此人没有太多的工程技术知识,也不属于海河工程局的高级管理人员,只是因为外籍人士的特殊身份而高人一等。"平时工作勤恳"也算是对其相对公允的评价。

开启事故 骇人听闻

万国桥作为一座开启桥。开时桥下航船,合时桥上行车,一开一合,水陆两便。可是一旦这井然有序的步骤被打乱,将会是怎样的后果呢?如果桥上行人时开启,桥下航船时闭合,那无疑对行人来说是天崩地裂、葬于深渊,对船只来说是祸从天降、自取灭亡。在历史上,类似的事故就曾出现过。

1935年5月10日中午,一艘名为"日京丸"的日籍货轮等候在海河上的万国桥入口处。11点50分,桥头发出开桥信号,桥面两端拉上铁链以禁止通行。桥体徐徐开启,轮船缓缓驶过。之后桥身又慢慢落下,合并如初。随即行人往来,恢复通行。一切看上去都是再平常不过。谁料20分钟后,也就是12点10分,在没有任何预先提示的情况下,大桥再次开启。一时间,桥上行人、车马无不惊慌失措,有的忙转身跑回岸边,有的已行至桥中,还来不及反应就落入河里。在桥上执勤的一位法租界华人巡捕,因

万国桥上的行人

抱住桥上横梁,被曳于空中,才未致落水。这在当时成为轰动津门的一大事故,各大媒体争相报道。次日(1935年5月11日)的《大公报》就以《昨日正午万国桥自开》为题刊发文章,《益世报》则用《万国桥昨午自启 人马车坠河》为标题,记述了此事。

根据报道分析,当时推测了大桥自动开启的原因有两种:其一,是因放行轮船后,合桥时电闸没有完全关闭,加上电机稍有损害,电流通过以致第二次开启。另一,是当时桥面正在进行更换木砖的施工。被换掉的每块木砖表面都涂有黑油,较为沉重。而新换之木砖并无任何涂料,与之前的材料相比更为轻便。正是因此,导致桥上两端的平衡垛重量失衡。加之前次开桥使机关齿轮脱落,最终酿成大祸。由于控制大桥开启的设备失灵,管理员也无法操作,直到40分钟(12点50分)后才得以修复。交通因之阻断达一小时之久。

大桥两岸分属不同区域管辖。《益世报》《大公报》记者经过对桥北部所属的特三区第一分驻所所长李润田的采访得知,桥北受伤两人,均为轻伤,分别是:

> 李福元,38岁,家住河东地道外姚家后台四号,在紫竹林拉地扒车为生。当天拉隆茂洋行千斤电滚一具,过桥时人马一齐落水。货物被打捞上岸后,并无损失。
>
> 洋车夫杨三,34岁,也住河东地道外。
>
> 据桥南所属的法租界工部局第四百四十一号巡捕长赵铭报告,桥南伤者较多,有周彦章、勾锡伯、邓丙森、佟善亭、王玉山、刘喜桂、赵仲三、高马氏、王淑贞、朱秀华等男、女共十人,均被送往法国医院救治。其中:周彦章、勾锡伯、邓丙森三人伤势较重,住院治疗,但无生命危险。余下七

人在经过医院检查和敷药后,均各自返家。

周彦章,26岁,天津人,以拉地扒车为生,住三不管兴顺店,与王玉山,刘喜桂,等三人,由怡和码头拉来面粉六十七袋,赴老站货厂,不料被伤。伤处位于左耳后,伤口长二寸,深五分。左背被砸伤甚重。

勾锡伯,50岁,江苏人,住法界二十六号路。恒兴号洋货庄经理,因赴地道外修善堂进香,过桥时落水受伤。伤于头部,内部,手部等处。

车夫邓丙森,27岁,保定府人,住法界先德里二十三号,头部偏右摔伤长五寸,左腿下部摔伤,左手戳伤。

如此这般严重威胁公共安全之事,天津市政府和法租界当局极为重视,都向万国桥的管理单位海河工程局提出交涉,同时要求给予被害者赔偿。海河工程局也不敢马虎,总工程师苗洛耳亲赴现场调查,鉴定事故原因。1935年5月13日的《益世报》刊登出《万国桥自启 责任问题 正副管理员 予罚薪处分》一文。其中写道:

> 海河工程局总工程师苗洛耳亲往调查,随证明因橡皮塞被自动弹出电轮转动所致,但究有手续未完备之责任。前日(十一)日当将正副管理员(洋员)传至局中,经苗大加申斥,并决予以罚薪适惩。又此项电轮设备亦感年久失效,日内决重新配置设法更换云。

可见再现代化的机器,都需要精心呵护、规范操作和妥善管理。后来类似事件再也未见记载,可谓"亡羊补牢,未为晚也"。

抗战前后 风云变幻

日本军舰 桥下横行

这是一张近似于万国桥"标准照"的相片。之所以这样说,是因为从万国桥建成后,在各种书籍、杂志、明信片等印刷品上,该片被

日本军舰正在驶过解放桥

反复使用。毫无疑问，这是一张经得起历史检验的好照片。钢筋铁骨的大桥平日里长虹卧波。当有船开来，桥体当空打开，犹如伸出宽广的臂膀，让远道而来的朋友感受天津海纳百川的气度与有容乃大的胸怀。场面本已雄伟壮观，偏巧过桥的并非一般船舶，又是威风凛凛的战舰。此般相得益彰的衬托下，凸显出万国桥的雄浑与伟岸，诠释了开桥盛景中那摄人心魄的瞬间。

笔者经过与1929年10月25日《大公报》上的一幅新闻图片比对，可以确定桥下的船只正是日本驱逐舰"槙号"。同时，《大公报》当天还以《日舰昨晨泊码头》为题详细记载了该舰过桥的情景：

> 日本驱逐舰'槙号'来津……七时二十分行抵万国桥。是时在日租界码头鹄立欢迎之日侨，见万国桥开放，

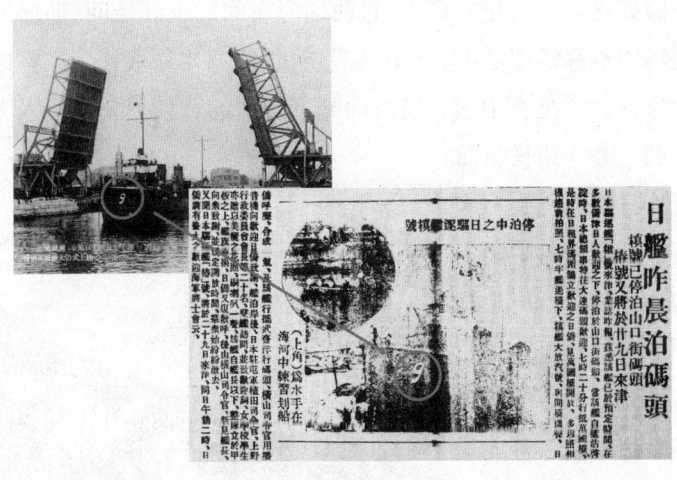

根据1929年10月25日《大公报》载《日舰昨晨泊码头》的报道，即可确定左侧老照片的军舰即是"槙"号驱逐舰

多以照相机趋前拍照。七时半,舰过桥下。'槙'舰大放汽号,与开桥机声、日侨呼声,合成一气。

这些绘声绘色的报道,为极具视觉冲击力的老照片又增添了听觉效果,使其更为完美。由此可以进一步断定,这张照片拍摄于1929年10月25日早晨7点30分左右,摄影师正是身处岸边翘首以盼的日侨人群中。根据日文资料,我们能找到一些有关"槙号"驱逐舰的介绍,它于1918年4月7日在日本佐世保海军工厂建成,排水量770吨,是"楢"级驱逐舰中的一艘。二战时期的日本海军舰艇,只喷涂舰队号而没有船舷号。因该船隶属于第九驱逐舰队,所以在舰首喷涂的号码为"9"。因吃水浅的特点,常被派驻我国河口及渤海湾地区从事警备活动。此舰于1934年4月1日退役,1936年后作为日本海军工机学校的教学船只使用。

假如这是一次建立在中、日两国海军间的友好访问,那盛大的欢迎场面也算情理之中。但让人诧异的是,日本军舰作为其本国的武力象征,竟是在中国政府方面毫不知情的背景下公然闯入天津内河的,并一路长驱而入直抵日租界码头。这种行径无疑是对中国主权的公然蔑视,更是对中国政府的无理挑衅。面对如此形势,津沽舆论界一片哗然,各大媒体接连数日对事态进展给予持续报道。这也为

日本军舰进入海河,日侨在岸边翘首以盼

我们了解当年的历史细节提供了大量的参考依据。

与"槙号"驱逐舰一同来津的,还有一艘名为"马吉号"的鱼雷艇。两舰于10月23日抵达塘沽,24日沿海河逆流而上,在特别一区码头停泊,25日过万国桥最终抵达日租界山口街码头。据1929年10月24日《大公报》中的《两日舰长驱入海河》一文报道,日舰是以"视察海河"为名进入内河的。《津海关十年报告1922—1931》中也有记载：

> 1929年间,有日本驱逐舰,驶至本埠日租界河岸停泊,察其用意,盖因天津港口界限,将有推至日租界以西之举,该舰特来试航,以示日籍商轮可以驶达该段水道内停泊。果也,本埠港口界限,即于1930年6月6日,由万国桥展至金汤桥矣。

即便"拓展航线"的理由勉强说得过去,可是日方为何放着各种商船、民船不用,偏偏要让军舰来试航,这无论如何都是说不通的。军舰被公认是一个国家在水面上的活动领土,一旦肆意驶入他国内河,必将昭示着赤裸裸的侵略野心。10月23日,当《益世报》发表的《日驱逐舰昨抵塘沽》在文中描写第一时间发现日舰行踪的过程时,就向国人发出了大声疾呼："惟我内地海港,外舰竟敢直入无忌,此种事件,若不急为禁止,则我国防土,殊多缺憾云。"

令人难以容忍的是,日本两艘军舰在海河里并未感到做贼心虚,其对自己蓄谋已久的险恶用心没有任何伪装,如入无人之境。沿途日侨的欢迎人群更是令日本军方的野心极度膨胀。"槙号"驱逐舰与"马吉号"鱼雷艇在到达日租界码头后都举行了欢迎仪式,并供日本侨民上舰参观。10月25日《益世报》以《天津市新国耻》为题进行报道：

> 下午，日本孩童咸上船参观，记者所摄之影，图中儿童，即系日租界居留民团小学校学生嬉戏之状况。按：此种外国军舰驶入中国内河，而任令该国小学校学生参观，加以舰上兵士之指示，最易养成儿童藐视国人之心理。

侵华日军培养少年尚武精神之用意和"侵略从娃娃抓起"之用心由此便可管中窥豹。

更有甚者，强盗大摇大摆的登堂入室，逍遥挥霍后，却要让被害人买单，这可谓奇耻大辱，日本军舰就是如此。《天津市新国耻》中也记述了这一经过：

> 该舰自停舶日租界码头后，岸上左近即由日工部局派人前往添装大号电灯泡。同时由租界华人所纳之税款中，提出一部分，作为欢迎该驱逐舰军士及一切之开销。闻该舰停留津市，尚有多日，此一笔重大开销，胥当由住该租界之国人担负之。傍晚该舰以探险灯照耀各处，光度闪耀至数海里之遥，洵属可恶已极。

这就难怪记者将此事称为"天津自成立特别市以来第一次之国耻也。"

其实，日舰在海河中为所欲为的事件并不仅此一桩，20世纪20年代末至1945年日本无条件投降这段岁月中，各大媒体的准确记录就不胜枚举，而未见诸报端之数量更是难以统计。海河上跑外国军舰的历史,可以上溯到 1860 年。第二次鸦片战争中,英法联军的坚船利炮打开了我国的大门。自此之后,列强的各式战舰如同走马灯似的往来穿梭。而其中最为著名的一次,也是由侵华日军制造的。

1926 年 3 月,正值冯玉祥统领的国民军与奉系军队作战期间。这本是中国内政,却又有日本插足。日方为掩护奉军舰艇驶进大沽口,竟派军舰护航。在海口炮台驻守的冯玉祥部官兵发现后,先以旗语制止,在未见回应后遂以空炮警告。谁料日舰却以实弹还击,致使国民军死伤十余人,制造了"大沽口事件"。国民军只好自卫还击,终将日舰赶出海口。然而事后,不甘失败的日本人以国民军破坏了《辛丑条约》为由,联合八国公使,向北洋军阀段祺瑞执政府发出最后通牒,要求拆除大沽口防务设施,并限令 48 小时内答复,否则欲以武力解决。同时各国派军舰云集大沽口,用武力威胁北洋政府。以此为导火索,才引发了 1926 年 3 月 18 日的北京学生游行示威和流血冲突——史称"三·一八惨案"。

正所谓"弱国无外交"。大国博弈的本质就是弱肉强食。落后就要挨打,只有自强不息才能使国家屹立于世界民族之林。在积贫积弱的年代里,海河上游弋的各国军舰正说明了这一道理。我想当年的摄影师可能并未考虑到这一点。然而就在不经意间,他的照片为我们留下了最真实的历史写照。

大桥开启 阻止日军

1937 年 7 月 7 日,七七事变爆发。天津作为北平门户,又是日本华北驻屯军司令部所在地,抗战形势岌岌可危。时任第二十九军三十八师师长兼天津市市长的张自忠于 7 月 25 日赴北平与日本

外国士兵走过万国桥

人谈判,将天津的军政事务交由三十八师副师长李文田负责。李文田受命后,积极调整布防,以待随时应战。7月27日,第二十九军军长宋哲元拒绝日本最后通牒,发出"自卫守土"通电。接电当日,李文田便召集在津主要军政负责人到他家中开会。参会者除其本人外还包括:第一一二旅旅长黄维纲、独立第二十六旅旅长李致远、第三十八师手枪团团长祁光远、天津保安司令刘家鸾、天津保安总队队长宁殿武以及天津市政府秘书长马彦翀,史称"七人会议"。

会议决定,趁日军兵力不足,主动出击打一个突袭战,攻击时间定在29日凌晨2时。战斗由李文田为天津各部队临时总指挥,刘家鸾为副总指挥。作战部署为:保安队第一中队攻取东车站(今天津站),由宁殿武指挥;手枪团、保安队第三中队及独立第二十六旅一个营攻击海光

李文田像

寺日本兵营,由祁光远指挥;独立第二十六旅及保安队第二中队攻击天津总站(今天津北站)和东局子日本飞机场,由李致远指挥;武装警察负责各战场交通指引和疏导;驻地离津较远的黄维纲旅作为总预备队。

7月29日,李文田向全国发布抗日通电:

> 自卢案(卢沟桥事变——引者注)发生后,我宋委员长(宋哲元——引者注)、张市长(张自忠——引者注)始终为爱护东亚和平,维持人类福祉,一再容忍。乃日人日日运兵,处处挑衅,除无端分别袭击我平郊各处外,竟于今晨复强占我特四分局,分别袭击我各处。我方为国家民族图生存,当即分别应战,誓与津市共存亡,喋血抗战,义无反顾,敬祈各长官、各父老迅与援助,共歼彼虏。

随后,我军按计划发起攻击。在东车站的战场上,宁殿武率领保安队第一中队由特二区通过意租界北部,包围了驻扎在这里的日军守备队及航空兵团。经过两个小时激战,日军抵挡不住,只得放弃车站,退守在附近一个仓库内负隅顽抗。

万国桥头的阵地

这时,日本援兵火速驰援,但法租界于当晚(7月29日)九时宣布戒严,并严禁日军通过法租界。同时,还将万国桥开启,以阻止日军渡河增援。1937年7月31日的《申

开启的万国桥

报》以《津法领向日军抗议》为题,报道了此事原委:

> 驻天津法领事以日军廿九日晨行经法租界时,以手枪对准道旁行人,及一日兵开枪射击法租界内华商两事,实违反日驻屯军司令香月尊重外人权力之通告。已向日军当局提出严重抗议,并声明嗣后不准日军通过法租界。(三十日中央社电)

然而日本侵略者丝毫未将法租界的禁令放在眼中。7月30日的《申报》援引中央社电,刊发《津法当局向日抗议》一文进行报道:

> 日人廿九晨分在法租界中街、新华大楼及百福楼屋顶,以枪向我东站附近之保安队射击。盖此两处前者为满铁事务所,后者则为惠通公司故也。津法租界当局对此曾

向日方抗议,但晚间仍有武装日人,高踞楼头未去。法租界晚九时戒严,对日兵运输,亦禁止通过界内云。(二十九日中央社电)

至7月30日,法租界当局仍派重兵把守在万国桥头,日军难以过桥,无奈之下,只得修造临时浮桥渡河。7月31日《申报》发表《日、意租界造成军桥》一文提及此事:

> 日军司令部发表:昨日天津万国桥因有法国武装兵禁止通行,且中途被中国军占领。日租界与东站之间连络杜绝。然至今晨五时,日、意租界间造成军桥。日援军由此入东站。(三十日同盟电)

法租界当局以保护界内侨民为由,将大桥开启,拒绝日本军队通过。既延误了日军增援速度,也为我军赢得了宝贵的时间。

中国军队的突然进攻,完全打乱了日本的军事部署,以致其猝不及防、仓皇应战,处境极为不利。日本驻津总领事在给日本驻北平大使馆的电报中惊呼:"由于中国方面的进攻,我方处于甚为危惧的状态。"为挽回局面,侵华日军决定一方面抽调北平驻军和附近的关东军驰援天津,一方面对天津城进行空中轰炸。至29日下午,中国军队在浴血奋战10余个小时后,终因寡不敌众、缺少后援,难以支撑,撤出阵地。随即天津沦陷。李文田组织的天津抗战是"七七事变"爆发后大规模对日主动出击的第一战,也是天津沦陷前的最后一战。

日军占领万国桥后,对迟迟难以增援之事依然怀恨在心,伺机

报复法租界当局。1937年8月2日的《申报》中刊登了题为《津法、日当局交恶》的消息,其中写道:

> 此闻法、日双方,昨发生小冲突一次。日军在国际桥(万国桥的直译——引者注)北面置障碍物,并派兵携机关枪驻守,不许法兵通过该处,而往东兵工厂之法国兵营。法当局向日军抗议后,始悉日军因法方不许武装日兵穿行法租界,故有此举,以为报复。(一日中央社路透电)

由此也说明,万国桥作为交通枢纽、咽喉要道,成为了兵家必争之地。作为法租界的大门,万国桥是值得依赖的屏障。而侵华日军占领后,又派重兵驻守,足见其战略意义之重要。

国学大师 逃难足迹

1925年,清华学校改制为大学并成立国学研究院。其宗旨是"用现代科学的方法整理国故"。筹建之初,研究院便在海内外四处网罗德高望重的学术泰斗来担任导师。其中有四人最为知名,被后世推崇为清华国学的四大导师。他们分别是:王国维、梁启超、赵元任、陈寅恪。在当时,前三位已大名鼎鼎,唯有陈寅恪还默默无闻。他能出任导师,一说是受国学研究院主任吴宓推荐,另一说则是因梁启超的提名。陈哲三先生在《陈寅恪先生轶事及其著作》中论及此事:

陈寅恪像

十五年春，梁先生(梁启超——引者注)推荐陈寅恪先生，曹(曹云祥，时任清华大学校长——引者注)说："他是那一国博士？"梁答："他不是学士，也不是博士。"曹又问："他有没有著作？"梁答："也没有著作。"曹说："既不是博士，又没有著作，这就难了！"梁先生气了，说："我梁某也没有博士学位，著作算是等身了，但总共还不如陈先生寥寥数百字有价值，好吧！你不请，就让他在国外吧！"接着梁先生提出了柏林大学、巴黎大学几位名教授对陈先生的推誉。曹一听，既然外国人都推崇，就请。

吴宓也好，梁启超也罢，这段陈寅恪归国的故事由此成为清华园的美谈。

1937年7月7日，宛平城外的枪声犹如一道霹雳，划破了神州静谧的夜空。侵华日军的隆隆铁蹄打断了校园里朗朗的读书声，北平各大高校均不例外。

陈寅恪出身名门，祖父是曾任湖南巡抚的陈宝箴，其父陈三立与谭嗣同等人并称为"维新四公子"，被誉为中国最后一位传统诗人。北平沦陷后，久慕陈三立大名的侵华日军希望能请其出任伪职，多次派人前来游说。每次陈先生都是勃然大怒，把说客斥逐出门。此后，老人家抑郁尤

万国桥上的逃难人群

甚，又加久病缠身，绝食五日，虚弱而亡，享年85岁。

在烽火连天、兵荒马乱的年月，陈寅恪对父亲只能草草收殓。谁料屋漏偏逢连阴雨，由于他的高度近视引起视网膜剥离，致使右眼失明。对于读书人来说，如此打击实在沉痛。但陈寅恪坚决不留在沦陷区教书，其长女陈流求在《回忆我家逃难前后》中记述：

记得那天晚上，祖父灵前亲友离去后，父亲仍久久斜卧在走廊的藤躺椅上，表情严峻，一言不发。以后他说坚决不做手术，奔向当时内迁的临时校址赶着上课。还未等到祖父'出殡'的日子，就依靠他唯一的左眼和母亲带着襁褓中的三妹和两个刚上小学的女孩，还有照顾三妹的王妈妈一起开始了逃难的历程。

陈寅恪夫人唐筼女士在《避寇拾零》中回忆道：

一九三七年十一月三日早，我们携三小女及王妈、忠良等购得快车票出京。送行者有大嫂、大姐、蹇华芬等，别时伤心几哭出声。幸车站汉奸检查不严。车行甚快。到津住六国饭店。到天津者，以过了万国桥才算出了鬼门关。天津东站，俗呼老龙头者，出此也颇不易。我们一家总侥幸平安出来，但几乎挤散。我和寅恪各抓住一个大小孩（流求九岁小彭七岁），忠良照顾小件行李。王妈抱着才四个多月的小美延。当时必须用力挤着前进，一家人紧紧靠拢，深恐失散。直到住进租界，不见日本鬼和太阳旗，心中为之一畅。

六国饭店是清华大学在南迁途中设在天津的接待处，位于法租界内（今承德道与解放北路交口附近）。大多数北平高校的师生，由平至津后，几乎一致的路线都是由老龙头车站直奔六国饭店，万国桥是必经之路。因此可以想象，不仅仅是陈寅恪一家，很多知名学者都曾仓皇狼狈的奔走在万国桥上。相信他们的心情也都如文中所言，"过了万国桥才算出了鬼门关。"

应该说在国破家亡的日子里，万国桥给逃难的国人们提供了暂时的心灵慰藉和精神寄托。然而，想要顺利过桥又谈何容易？当读着《避寇拾零》中的文字，笔者的眼前仿佛出现陈家老小在人潮中拼死挣扎、彼此扶持、相濡以沫的瞬间。在那个"人为刀俎，我为鱼肉"的年代，几乎每一位学术大师都经历着难以想象的艰辛。这些学人们从北平出发，直抵昆明建成西南联合大学，行程贯穿中国南北。而在这短短的万国桥上，也记录下了他们漫漫长路上的一串脚印。

露宿经历 感慨良多

朱光潜，中国现代美学的奠基人与开拓者。1937年，这位美学大师曾有过在天津夜宿万国桥头的经历。后来，他将此事整理成文，取名《露宿》，发表在1938年4月的《工作》第二期上。这也为我们真实地还原了那个战火纷飞的年代里，万国桥两岸的状态。

1937年7月7日，日军发动全面侵华战争。到7月29日，北平城沦陷。当时，朱光潜在国

朱光潜像

立北京大学任教。在北平失守整整半个月后(8月12日),朱光潜、杨希声、上官碧(沈从文的笔名)和黄子默一行四人登上了南下的列车,开始了他们的逃难岁月。

谁料只两、三个小时的路程,火车竟然走走停停地开了18个小时才到天津站。他们原本希望能进入法租界暂时避避风头,可下车时已是半夜。因为找不到车,又不熟悉路,所以耽误了时间,没能跟上大队人马。当迷迷糊糊地走出车站时,迎面的是一个个面目穷凶极恶的日本兵。原文描述道:

> 我们路不熟,遥遥望着前面几个人影子走,马路两旁站着预备冲锋似的日本兵,刺刀枪平举在手里,大有一触即发之势。我们的命就悬在他们的枪口刀锋之上,稍不凑巧,拨剌一声,便完事大吉。我们一行四人,我以外有杨希声、上官碧和黄子默,都说不上强壮,手里都提着一个很沉重的行李箱走得喘不过气来。听到日本兵一吼,落得放下箱子喘一口气。上官碧是当过兵的,走过江湖的,箱子一放下,就把两手平举起来,他知道对付拦路打劫的强盗例应如此。

虽然这篇文章是半年后才整理完成的,但情节之生动,犹如眼前。这样细致入微的描写,没有刻骨铭心的感受是无法想象出来的。挨过日本兵的仔细搜身,大家才闯出重围,但面对眼前的万国桥,又一筹莫展。由于大桥被封锁,进入法租界已不可能,唯一的选择就是暂时露宿桥头,等待过桥的机会。作者写道:

我们走到万国桥。中国界与法租界相隔一条河,万国桥就跨在这条河上。桥这边是阴森恐怖,桥那边便是辉煌安逸。冲进租界么?没有通行证;回到车站么?那森严的禁卫着实是面目狰狞,既出了虎口自然犯不着再入虎口。到被占领的地带歇店么?被敌兵拷问是没有人替你叫冤的。于是我们五六百同难者,除了少数由亲友带通行证接进租界去者以外,就只有在万国桥头的长堤上和人行道上露宿。这到底还是比较安全的地方,桥头站着几个法国巡捕。在他们的目光照顾之下,我们似乎得到一种保障。

夜渐渐深了,一天艰辛的行程过后,栖身桥头的作者仍然充满乐观心态,用优美细腻的文笔描摹着硝烟弥漫下的海河两岸:

滞留在万国桥头的难民

时间是夜半过了。天上薄云流布,看不见星月。河里平时应该有货船和渔船,这时节都逃难去了,只留着一河死水,对岸几只电灯的倒影,到了下半夜也显得无神采了。白天里在车上闷热了一天,难得这露天里一股清凉气。但是北方的早秋之夜就寒得彻骨。我们还是穿着白天里所穿的夏衣。起初下车出站时照例有喧哗嘈杂,各人心里都有几分兴奋。后来有亲友来接的进租界去了,不能进租界的也只好铺下毯子或大衣在人行道上躺起了,寒夜的感觉,别离的感觉和流亡的感觉就都来临了。

正如杜甫诗云:"国破山河在,城春草木深。感时花溅泪,恨别鸟惊心。"

然而,深沉的夜也并不平静。因为万国桥是连接海河两岸的要道,所以能目睹敌人来去匆匆的调兵遣将。经受了日军阴森恐怖的盘问检查,也忍耐着中国警察的咆哮与呵斥。此时的万国桥俨然变成了通往避难所的大门。身处大桥这边,就将饱受身心摧残,甚至时刻生命难保,而手持通行证走过大桥,就可保性命无忧。这也就正应了陈寅恪夫人唐筼女士在《避寇拾零》中所说:"到天津者,以过了万国桥才算出了鬼门关。"

经过一夜的煎熬,作者不禁慨叹:"天不绝无路之人。"第二天住在六国饭店的政治学家、法学家钱端升得到朱光潜等四人被困在万国桥头的消息后,将他们接入租界内。至此,他们悬着的心才落了地——总算暂时有了安全保证。

崭新时代 继往开来

会师地点 何以混淆

如今,只要一提解放津城的那场激战,最深入人心的场面当属金汤桥会师。

金汤桥横跨于海河之上,位于解放桥的上游,是一座开启式铁桥。清光绪三十一年(1905)为方便电车通行,由津海关道与天津奥租界领事署、天津意租界领事署、天津比商电车电灯公司共同筹款修建。1906年11月竣工通车,由"固若金汤"之意而取名"金汤桥"。桥体可平转式开启。目前,它已成为天津市现存铁桥中历史最悠久

金汤桥全景

的一座。正是因为金汤桥被定为解放天津的会师地点,所以河北区人民政府于1984年在桥头建成解放天津会师纪念碑。1994年,该桥被列为"天津市爱国主义教育基地"。2003年,作为海河综合开发改造工程的一部分,对这座具有百年历史的老桥又进行了大规模整修提升改造。恢复了原有的开启功能,在其两侧增建钢结构玻璃引桥,并在桥头的东西两岸建成会师公园。

《中国人民的胜利》电影海报

然而,多年来,在各种影视资料、书刊杂志中,当介绍到金汤桥会师时,所配照片画面上,偶尔出现的却是解放桥的身影,这又是怎么回事呢?

此中缘由,还要从一部电影说起。新中国成立初期,苏联领导人斯大林建议我国拍摄一部全面反映解放战争的大型文献纪录片。经中央决定,此纪录片由北京电影制片厂与苏联中央文献电影制片厂于1950年联合摄制,取名为《中国人民的胜利》。为此,苏联特别派出摄影队赶赴北京、天津等地取景。为反映解放天津的战斗,特别选取了解放桥作为会师地点进行拍摄。对于在解放桥拍摄该电影的准确时间,曾任天津作家协会副主席、河北省文联副主席的王林同志在日记中有过准确描述。其子王端阳先生将父亲的日记整理为《王林日记·文艺十七年》一文,文中写道:

1950年3月13日晨,昨日下午看拍解放桥电影,把桥吊起来,壮观的很。

在建国之初,拍电影是件稀罕事,所以王林先生才会写到日记中。另外也说明,日记中所说的"拍解放桥电影"很有可能就是《中国人民的胜利》。在影片中会师的桥段里,旁白解说道:"东北方向进攻的部队深深插入了天津,从西南方向进攻的部队也冲进了,要和他们会合。市中心的大桥是预先制定的会师地点,两支军队胜利会师了。"

里面并没有提到会师大桥的名字。随后,影片中的多个镜头被各种媒体纷纷转载。而在配合文字说明时,由于缺少仔细辨认,往往将其标注为"会师金汤桥"。

这一问题最先由蒋智才先生提出,他撰写的《"会师金汤桥"照片是在解放桥补拍的》一文发表在 1989 年第 2 期《党史资料与研究》上。文中,作者对刊于 1989 年第 1 期《党史资料与研究》封三上的一张历史照片进行了仔细辨认。该照片标注为:"在天津战役中,我东西两面主攻部队在金汤桥上胜利会师,将天津守敌拦腰斩断。"

1989 年第 1 期《党史资料与研究》封三上的照片

蒋智才先生在其文中分析道:

> 如果将现在的解放桥同封三那幅照片对比一下不难看出,这两座桥"反预应力梁"的形状是完全一样的。而现

在的金汤桥同封三那座桥的"反预应力梁"形状完全不同，主要区别在于：解放桥的"反预应力梁"是空心的，每根梁上有"十"字形或"一"字形扁钢铆连，而金汤桥的"反预应力梁"均是实心的。

由此可以证明，封三那幅关于"会师地点"的照片，不是摄于金汤桥，而是摄于解放桥，因而照片"说明"的错误是明显的。

或许有人问，四十年间会不会对金汤桥作大规模的修缮，原来的金汤桥是封三照片上的样子，而如今已面目全非了呢？可以确定地回答：这是不可能的。一是桥梁修缮的科学理论不允许；二是据一些"老天津"回忆，事实上也没有这样的工程。

……据我单位一位进城干部回忆，在天津解放后几天，曾在解放桥上补拍了一些历史资料，他曾亲临现场。由此推之，《党史资料与研究》1989年第1期那幅照片可能是在解放桥补拍的。

后来，天津党史研究专家陈德仁先生在2003年出版的《天津战役研究》一书中也对上述论断表示支持：

现今仍流传在社会上的那幅"会师金汤桥"的照片，笔者认为更不真实。据查当时并没有拍下会师的实景。据学者蒋智才先生介绍，这幅照片系事后补拍的，而且是在今天的解放桥上补拍的。蒋先生在1989年2月做过实地考证，并将真情著文公布于众。遗憾的是这幅照片至今仍在各报刊上甚至是历史文献书上反复使用误传。笔者对蒋先生的考证深表支持、肯定和信服。因为蒋先生亲自到现今的解放桥和金汤桥上去实地勘察，还从建筑学上进行了分辨，证实该缪传的照片千真万确是在解放桥上拍照的，其论断科学、实际，理由客观、充分。

其实，在解放天津的战斗中，东西路军对进夹击的唯一目标是否只有金汤桥一处，早有争论。王凯捷老师在《天津方式》一书中就曾专门讨论过该问题：

> 作为拦腰斩断重要标志的金汤桥会师，其政治意义早已超出当年的军事作用。天津市区河流纵横，特别是横跨海河上、中游并连接东西的重要桥梁，在天津战役中具有重要意义。后来的战斗结果表明，我军攻击目标从未仅限金汤桥一地，而是包括金钢桥等在内的海河上中游各座桥梁。对此，无论是林彪1月5日给刘亚楼指示电，还是1月7日给中央军委的报告，以及刘亚楼建国后的回忆录，都一致指出应以金钢桥、金汤桥及以南为东西对进夹击的目标；平津前线司令部发言人在战后《谈天津作战特点》时，没有涉及金汤桥会师问题；刘亚楼在《关于天津作战经验教训的报告》中，也未提到金汤桥会师，只是强调了穿插分割战术在天津攻坚战斗中的重要作用；第四野战军司令部在《天津战役总结》中，曾明确指出作战方针的第一步目标是：西突击集团"拟于金钢桥、金汤桥地区与由东向西攻击的2个军会师"。在这里，着重提出了

"地区"的概念,并不是哪座桥梁;同时,《中国人民解放军45军战史》也指出其所部,是"在各桥或他处与友军会师,歼敌或逼敌投降"。并特别指出全歼"金汤、金钢、胜利三桥东守敌"。由此,第8纵队并非如传统记述所称的,在金汤桥与西集团会合……从今天的天津市区图上分析,当年的天津市区道路曲折狭窄,特别是通向海河上中游各座桥梁的道路弯曲异常……而且横跨海河的几座桥梁是近代以来形成的沟通市区的重要枢纽,南北距离不到3公里。其中,金汤桥与金钢桥、胜利桥(今北安桥)均相距不足800米;距中正桥(今解放桥)也只有不足2000米。我大兵团在如此地形复杂与狭小地域内运动,绝难确定一点、一地作为东西对进夹击的惟一选择。因而,及时控制海河上的几座桥梁,是我军从地形特点和守敌布局出发采取的具有决定性意义的举措。也是符合整体作战需要的绝妙一招。

建国后,特别是90年代以来,在反映天津战役的有关表现形式中,都将金汤桥会师作为天津解放的重要标志。金汤桥也因此驰名中外。从军史研究的角度出发,解放天津会师问题确有必要重新探讨,而从进行革命传统教育的角度考虑,则可充分发挥其在弘扬爱国主义和革命英雄主义精神上的强大功能。解放后,所以选择金汤桥作为天津解放的象征,主要是基于我军东西对进突击部队在打通中部地区上,金汤桥所处的突出位置,以及东西两大集团中3个纵队的突击部队曾先后进占该桥的情况。因此,这样一座在地理和人文上颇具特点之地,就成为纪念标志势所必然的选择。虽然我们至今仍遗憾就此未留下任何照片，而今天看到的都是前苏联摄影队在解放桥补拍的影像资料，却丝毫没有影响其在人们心目中的位置，其政治意义早已大大超出当年的军事作用。

从遗留下的资料来分析，"会师金汤桥"与"会师金钢桥"均有老照片存世。然而在"会师金钢桥"的照片中，大桥上"拥护中国人民领袖毛主席"的大幅标语更是最大的疑点。试问，在兵戎相见、你死我活的战场上，解放军指战员是否有时间在悬挂好标语后再去拍摄一张集体合影的纪念照呢？由此推断，这些照片都存在事后补拍的可能。

会师金汤桥的照片

会师金钢桥的照片

也许是与金汤桥相比解放桥的外型更雄伟壮观，也许是解放桥的开启更引人入胜，也许是当时选择解放桥拍摄较为方便，当年电影的摄影师最终选择了解放桥作为会师场景的拍摄地点。

历史有时会在不经意间由于细微的偏差而引起误读。追本溯源、考据事实真相，这是每一个尊重历史的人所应面对的问题。因为历史老人的眼里不揉沙子。

国庆瞬间 画作展现

笔者藏有一册1959年第10期(总第73期)《天津画报》国庆专号。当初之所以对它一见钟情,主要还是源于其独具匠心的封面设计。"中国红"作为背景颜色,烘托出节日的喜庆气息和浓郁的传统氛围。在此之上,国庆之夜的解放桥被作为画面主体。璀璨灯火下,大桥巍然之躯映衬于海河碧波中,若隐若现。岸边广厦鳞次栉比,

1959年第10期《天津画报》国庆专号封面

霓虹闪烁,与桥梁遥相呼应,熠熠生辉。夜空中更是礼花绽放,五彩斑斓。面对如此画面,笔者如痴如醉,将其据为己有自不在话下。

《天津画报》创刊于1953年10月,由天津美术出版社出版发行。1959年这本国庆专号中。在"编者的话"里提到:

> 本期为配合我国伟大的国庆十周年,特以大量的篇幅,发表了各地画家反映我们可爱的祖国,可爱的人民的各种不同风格的速写。同时并发表了一些外国画家在新中国所画的速写作品,都从不同的角度歌颂了我国新的成就和飞跃的发展,并在速写的技法上向读者及美术爱好者作了一些介绍。本期特增加了篇幅,作为向伟大国庆的献礼。

著名画家马达的作品《节日的解放桥》

当翻开该画报时,解放桥的身影再次出现,这实在让我喜出望外。在封二上刊登了一幅著名画家马达的钢笔画作品《节日中的解放桥》。马达先生于1931年毕业于上海新华艺术专科学校西洋画系,曾投身于鲁迅先生领导的中国新兴木刻运动。1937年抗战爆发后,他奔赴延安,在延安鲁迅艺术文学院美术系执教,是"延安画派"的主要代表人物之一。1949年后,他担负起天津市美术界的主要领导工作。

从画面的视角来分析,当时作者很可能是在乘坐海河游船,并站在后甲板上回眸大桥。船尾螺旋桨激起的朵朵浪花让海河波光粼粼,此般景致中的解放桥更富动感和韵律。桥上彩旗招展、人头攒动。不远处的海河广场上红旗汇成海洋,象征和平的白鸽展翅翱翔,绚丽缤纷的气球彩带迎空飞舞。要感谢马达先生把当年的津城凝固成动人的瞬间,使其化为永恒。

在1959年第一期《美术》上,曾发表郭钧先生撰写的《办好画报 繁荣创作——天津画报工作经验简介》一文,其中就写道:

> 要办好画报必须联系群众,联系实际,不能坐在家里编辑,必须到现场去编辑,如改造海河,我们不到海河工地去劳动,那是搞不出好作品来的。去现场的同志反映:

"去了现场就实际多了,即使走马观花也比坐在家瞎想强。"画出的作品读者也认为真实。此外编辑人员必须不断联系读者和作者,我们今年曾数次到街头卖画报,从卖画报中听取读者的意见。

要做到"开门办报",只有深入基层生活,体验大众感受,作品才能体现时代气息,富有生命力。解放初期,马达先生虽然担任领导职务,但仍始终不忘百姓情怀,时刻用手中的画笔描绘着人民群众的真情实感。应该说作者正是浸染在欢庆祖国华诞的海洋中,被这欢欣鼓舞的氛围所感染,才通过《节日中的解放桥》这样一幅简单的钢笔速写画,将津门国庆十周年的盛况表现得淋漓尽致。

耄耋之年 重焕青春

解放桥于1927年建成通车,由美国芝加哥施尔泽尔桥梁公司设计,为双叶立转式开启。因这种开启方式由施尔泽尔公司最先发明,所以又称为施尔泽尔式开启。解放桥建成后便被公认为世界开启桥的代表作,引领着时代潮流。时至今日,它更是施尔泽尔式开启桥在国内仅存的遗迹,堪称见证中国桥梁发展的活化石。

当岁月的脚步悄然迈入21世纪后,津门吹响了海河开发改造的号角。解放桥因同时具备"景观、文物、交通"三位一体的功能,而成为改造中的重头戏。《今晚报》作为天津本地最具影响力的报纸之一,全程记录了整修全过程。笔者正是在搜集这些新闻报道的基础上,将其条分缕析并加以优化整合,以求还原其中的点滴细节。

在海河开发改造中,已知《今晚报》第一次有关解放桥的报道

是在2005年2月21日。当天报纸头版刊发题为《解放桥改造方案上午敲定 能开能合能过大船》的消息,文中写道:

> 本市今年将对有近80年历史的解放桥进行改造,已有30多年没有开启过的该桥将恢复开启功能。相关整修改造方案上午由天津城建设计院敲定……据介绍,工程完成后,该桥开启功能将恢复……届时站在海河岸边就可以欣赏到大型游轮通过开启桥的壮观场景。

方案的最终确定,标志大桥的整修改造已拉开帷幕。随后的现场勘查工作紧锣密鼓地展开。

2005年3月14日《今晚报》以《解放桥"体检"》为题,向读者通报了勘查结果:

> 今天从有关部门获悉,海河旧桥改造之一的解放桥改造现场勘测接近尾声。据现场人员介绍,解放桥上的钢

解放桥恢复开启功能,耄耋之年焕发青春

梁部分已经锈蚀,但桥梁整体结构还保存完好,用来启动桥体开启部分的传动系统目前不能正常启动,电力系统严重老化,要让解放桥重新恢复开启功能,需对这些系统进行全面整修。

虽然该桥自建成起至 20 世纪末,先后进行过 13 次不同程度的维修。但更多的是针对桥面和锈蚀部位进行的小修小补,对整体结构和开启系统的全面维修尚不多见。前文提到,它是目前国内仅存的施尔泽尔式开启桥。缺乏类似工程的技术数据和项目实例进行参考,成为施工单位面临的最大难题。由于历史变迁,难以查找到建桥之初的设计资料。同时,多次的修复、加固,使桥梁原参数变化较大。这都给整修工作提出了挑战。这就仿佛将一位风烛残年的老人推上手术台,稍有不慎,后果就会不堪设想。

技术难题必须攻克,2006 年 3 月 27 日《今晚报》头版上《解放桥改造三步走》这个大标题就是最好的回答。施工方制定了科学合理的方案,采用传统工艺,确保"修旧如旧"。报道如下:

> 今天上午,由市城建集团组织施工的解放桥改造工程完成了最后一根水中支撑钢管桩的打设,桥梁桥体拆解修复工作已具备条件,将于近期启动修复工程。为保持历史风貌,解放桥将按照"修旧如旧"的原则进行整修,不会添加新的设计元素。改造分三个步骤进行:对桥上所有零件进行修复和养护;恢复原有开启功能;重新铺装桥面。据悉,为保持解放桥的"原汁原味",本市相关部门正在为解放桥量身订制和当年一模一样的桥梁桥体"英式"

零件,这些零件都将在车间里按照原件1:1的比例进行复制,然后进行后期加工。目前,零件的复制、加工工作接近尾声,现场安装近日开始。

近三个月后,《今晚报》更是将采访做到了细致入微的地步。2006年6月22日刊登的《改造解放桥,活儿真细》一文深入浅出,详述了施工中的各种维修方法:

> 记者从解放桥施工现场了解到,解放桥改造加紧进行,施工人员正在对桥体钢结构部件进行维修和保养。处理桥梁锈蚀(胀)病害,并采取防锈措施。对可拆卸的板件,拆开并消除板间铁锈,矫正锈胀变形,再行连接;对不可拆卸的板件,切除锈损部分,补焊钢板,再拼接加强板;为减轻恒载重量,车行道采用钢桥面,人行道采用木桥面;由于桥面加重,使得混凝土平衡块体积加大,势必改变原桥尺寸,因此改为部分铸铁与部分混凝土;主要承力构件,如锈损且受力较大的杆件、齿座梁与弧形梁,要进行更换。

经过盛夏时节,进入金秋送爽的九月,2006年9月6日《今晚报》刊发题为《解放桥换新颜》的消息

> 随着解放桥改造工程进入尾声,修饰一新的桥体展现在人们面前。预计国庆节前,解放桥将完成改造,恢复开启和通行功能。

可是在国庆节的新闻中,我们没有看到有关解放桥整修进度的内容。这说明工程并未盲目追赶工期,而是在按部就班的将每一项工作落到实处。十月未过,2006年10月31日,这是值得载入津沽史册的日子。因为就在这一天,解放桥恢复了开启功能。当天的《今晚报》以《时隔三十三年 解放桥抬高开启》为题进行报道,并详细记录了开启的每一个细节。

> 昨天上午11点24分,解放桥改造后首次试开启成功,标志着解放桥改造工程完工。昨天上午11点05分,技术人员在桥上的控制室通过电脑传输系统发出指令,解放桥试开启正式开始。河西侧的开启跨率先启动,约一分钟后,河东侧的开启跨也开始抬升。随后,两侧开启跨找齐相同角度,同时上升。19分钟后,开启跨达到了设计的最大角度——88度,并固定住。五六分钟后,开启跨缓缓落下,解放桥试开启宣告成功。家住东站附近的张大爷告诉记者,他最后一次看到该桥开启是1973年,至今已有33年,看到重新开启的场景他感到很兴奋。

2006年10月31日《今晚报》刊发《时隔三十三年 解放桥抬高开启》一文,对解放桥恢复开启功能进行报道

2007年1月19日《今晚报》在头版显要位置以《八旬解放桥 抖擞又工作》为题,对解放桥改造工程竣工通车进行报道

　　文中彰显着津门百姓期盼大桥开启的热切心情。2007年1月19日,改造工程告竣并实现通行。《今晚报》头版再次刊发消息《八旬解放桥 抖擞又工作》,其中写道:"昨天,改造竣工后的解放桥正式开通运行。昨天下午开始,不少市民重走解放桥过海河,感受老桥变迁。"

　　回顾解放桥整修改造的全过程,在做到提升功能性、景观性的同时,其最大限度地还原了桥梁本身的文化元素。解放桥作为一座开启桥,失去了开启功能,就犹如飞鸟折翅、游鱼断鳍。数十年的沉寂让天津人等了太久,进入耄耋之年又再度焕发青春,这不能不说是一个奇迹。

大桥身影 放眼无处不在

桥梁之间 联系万千

中堂过铁 原型何在

"李鸿章过铁"的故事,笔者最初是在天津民间文艺研究会于 1984 年 8 月编写的《天津风物传说》一书中读到的。其中一篇名为《李鸿章与法国桥》的文章,这样写道:

> 清代末年的中国,真是多灾多难。对于李鸿章的丧权辱国、战败投降,几乎受到了除以慈禧太后为首的反动派以外的全国人民的齐声谴责,骂他是"当今的秦桧"。天津卫的父老们,为了表示对卖国贼的愤慨,甚至在天津法国桥(法国工程师修筑,又名万国桥,现在改名为解放桥)上写了"李鸿章过铁桥"的字样。但是,把"李鸿章过铁"五个字写得非常大,"桥"字不仅写得非常小,而且离前边五个大字很远。"过铁"两个字的含义,在天津民间的语汇中是

"砍头"的意思。"李鸿章过铁"——是天津卫的人民诅咒他挨刀。由此可见,人民群众对李鸿章战败求和、丧权辱国所负罪责的痛恨,已达到了何种地步!

所谓"过铁"是指古代的一种酷刑。清代刘献廷《广阳杂记》卷四云:

> 有相士密语激云曰:"我观诸少年皆当过铁者也,公胡与久处耶?"激云不解所谓。曰:"头临白刃,非过铁而何?"

初读之时,就觉得该故事存在硬伤。最明显的一点是:今解放桥前身的老万国桥(1904—1928)于1904年竣工,而李鸿章已于1901年过世,他怎么可能有机会登上这座铁桥呢?由此可见,上文的说法经不起推敲。不过,既是民间传言,难免夹杂着戏说成分。所以一开始笔者也没太较真儿,权且当作娱乐消遣,一读了之。

最近,在清末津沽文人储仁逊的著作《闻见录》卷三中,笔者又读到类似的说法。"直督修铁桥于院门口,造气球于武备学堂。有贴无名帖者,有帖云:'中堂过铁——桥;中堂验(咽)气——球'。"这才让人恍然大悟,原来天津百姓嘲讽"李鸿章过铁"的桥梁原型并非万国桥,而是指更早修建的金华桥。

李鸿章在任直隶总督兼北洋大臣期间,一直是洋务运动的积极提倡者和亲身实践者。当年,在直隶总督衙门天津行馆门前有一座浮桥,俗称"院门口浮桥"。因其年久失修,十分有碍观瞻。早在清光绪八年(1882),李鸿章就曾考虑将该浮桥改为新颖时尚、坚固耐用的铁桥。原计划建成固定跨的铁桥,但由于南运河上漕运往来繁忙,大桥横跨其间致使漕船必须放下桅杆才能通过,颇为不便。因此该桥被移至子牙河与北运河交汇处,也就是在光绪十三年(1887)建成的大红桥。到了次年(1888年),经多方协商,决定在"院门口浮桥"的位置上,效仿西式工艺,雇佣英国技师,修建开启式铁桥。这就是天津历史上的第一座开启桥——金华桥。天津人俗称之为"老铁桥"。除此之外,光绪十二年(1886),北洋水师曾在天津武备学堂试飞热气球。一系列的新政让天津在当时引领洋务之潮流。

不过,在传统思想盛行、民智尚待启蒙的年代里,百姓对外来文化充满了排斥与拒绝。这种保守心态往往体现在其对新事物倡导者的反感和抵触上。最直接的表现就是民众对洋务主张并不买账,而且多有微词,李鸿章一时间成了众矢之的,天津人用特有的幽默手法,以巧妙的歇后语形式诅咒他"中堂过铁——桥(瞧);中堂验(咽)气——球(求)"。以此发泄对他的不满,间或有调侃意味。对此大可不必当真。

清末金华桥的热闹景象

万国桥远景

在清末,不管从经济贸易,还是物流和商品集散来说,金华桥所处的老城外北大关、三岔河口一带,都是当时无可置疑的城市黄金地带。可是进入民国后,随着租界的兴起,使天津的城市中心南移。同时于1927年在海河上建成的体量庞大的万国桥,取代了早年间的金华桥,成为了人们心目中新的天津标志。这也就有了文章开头故事中,津城父老将万国桥与金华桥张冠李戴的现象。应该说口耳相传的故事多有人为加工的痕迹,艺术化的改编在所难免。可是当我们用历史的眼光来审视它,从文化的背景去了解它,用昔日的心态去感受它,当我们将其传承有序的过程梳理清晰之时,便会发现学术与民间并不是阳春白雪与下里巴人,它们之间有着千丝万缕的联系。

黄河海河 一脉相连

清同治年间,左宗棠出任陕甘总督,后任钦差大臣,督办新疆军务。为军队运输需要,拟在兰州建黄河铁桥,以替代镇远浮桥。左宗棠遂同上海"泰来洋行"的德国技师福克接触,协商修桥事宜。洋人要价63万两白银。这犹如狮子大开口,令左宗棠望而却步,修桥之事暂时搁浅。

时隔 40 余年后，1905 年，总办甘肃洋务的彭英甲再次将建桥事宜提上日程。当时，他官拜兰州劝业道、甘肃农工商矿产局总办。在得到时任陕甘总督升允的支持后，彭英甲开始寻找工程承包商。正巧赶上德国驻天津"泰来洋行"经理喀佑斯游历至此。

双方经过协商，于光绪三十二年（1906）签订合同。德商泰来洋行以 16 万 5 千两白银包工包料的总价，取得了大桥的承包权。随后，喀

兰州黄河铁桥

佑斯便将铁桥的设计委托给一家美国公司，自己只负责施工工作。大桥设计为：长 77 丈（250 米），桥面宽 2 丈 2 尺（8 米），中间为车道，两旁为人行道，钢筋混凝土结构，五孔四墩，保固期 80 年。

在此之后，修桥所需材料从国外运至中国。先由海路抵达天津，再转乘铁路至河南新乡，后取道西安。西安至兰州，有长达 1500 公里的路程，由于运输不便，只能靠骆驼和大车等简陋工具转运。前后分 36 批，运费杂用达 14 万两白银之多，竟与桥梁造价相差无几。

光绪三十四年（1908）初，工程正式开工，总工程师为美国人满宝本。而在建桥的人群中同样留下了天津人的身影。在今天，桥头依然矗立着当年陕甘总督升允题写的《创建兰州黄河铁桥碑记》，其中有载：

> 其督办一切、始终其事者，为二品衔兰州道彭英甲；

帮同照料者,为兰州府知府刘振镛、署皋兰县知县赖恩培;监理工程者,为洋务局坐办候补知县樊鼎枢、徐登第;英文翻译,县丞江连庆并孙照磨、贤林,巡检庆椿蒲,千总生禄;委运桥料者,为候补知县张钟骏、沈潮云、刘启烈,府经历高镜寰、县丞麦方堃、赵毓岳,巡修傅㝡,典史臧炳文;承修者,为美工程司满宝本、德人德罗、华工刘永起。例得备书,因附名焉。

这其中的"华工刘永起"就是天津人。在被聘请来的60余名华工洋匠中,他作为铁桥建设的骨干,成为工程一线的施工负责人之一。与他一同从天津来兰州修桥的,还有其弟刘文魁。对于"华工刘永起"的生平事迹,除了《创建兰州黄河铁桥碑记》中的只言片语外,在民间还流传着许多故事。据说,黄河铁桥工程施难度大,四个铁桥墩都必须从河底最坚固的石层处修起,工艺全部采用钢筋水泥浇注,在第三个桥墩下拢的时候,第一次没有成功,第二次刘永起亲自下拢,没想到完成以后水冒顶了,刘永起被冲走,再没有被抢救上来。哥哥出了事,弟弟刘文魁接管了工程,一直到验收为止。但有野史记载,在铁桥通车后,甘肃洋务总局将修桥时的"工程队队长"刘永起留下帮管铁桥,月薪白银12两。

历经三年零四个月时间,耗资30余万两白银,被誉为"万里黄河第一桥"的兰州黄河大桥,终于在宣统二年(1910)六月竣工。1942年,为纪念孙中山先生,此桥改名为"中山桥"。

从以上内容中不难发现,从大桥的承包商到建桥材料的转运地,再到负责施工的工人,多处都能找到兰州黄河铁桥与天津密不可分的关系。但这些与天津解放桥有联系吗?刘永起能在大桥的施工中成为负责人,肯定掌握了必要的建桥经验。那么在此之前,他还可能参与过其他大桥的建造。解放桥的前身老万国桥(1904—1928)于1902年动工兴建,早于兰州黄河大桥。老万国桥(1904—1928)上是否也留下过刘永起的辛勤汗水呢? 这还有待进一步考证。

津粤相牵 以桥为媒

广州海珠桥全景

当很多天津人第一次看到1949年广州解放前海珠桥的老照片时,都会诧异地惊呼,这座桥的开启部分怎么会与天津的万国桥如此相似呢?

海珠桥位于广州市,横跨珠江。1929年12月开始兴建,1933年2月15日竣工通车。1934年10月,广州市政府编印了一系列市政建设丛刊,其中的第一种即为《广州海珠桥》,足见其在羊城地位之重要。书中详细介绍了建桥之缘起:

> 世称繁盛都市之广州,中隔珠江一水,界分南北。交通往来,既难直接,徒恃舟楫之利,一遇风雨,易生危险。更因交通不便之故,以致河南一隅,商业不振。举凡一切建筑事业,均不能与河北并驾齐驱。前清光绪年间,曾见及此,故有发起建桥之议。当时甚欲利用海珠礁石,安设桥柱,横架桥梁,以贯通南北。惜无整个计划,且乏建设专

款,大好河桥,未能实现。

另外,对于工程的竞标过程及最终价格,此书也略有提及:

建筑海珠铁桥之成议,其筹划进行,在民国十八年春,由城市设计委员会规划,当时征求图则。应征者计有三家,一为德国人,建筑费约需四百余万元;一为中国人,建筑费约需三百万元;一为美国人,即慎昌洋行是也。慎昌洋行需费最廉,(以大洋计)为数一百零三万二千两。几经研究,始由市政府订立合约,交与美商慎昌洋行承办,由马克敦公司建筑,工程则由工务局监理……于中华民国二十二年二月十五日正式通车,从此珠海烟波,尽堪桥头领略,宜车宜马,不徒欸乃中流,此则建筑海珠铁桥之缘起也。

其实海珠桥还未落成之时,相关消息早已不胫而走。尽管津门与南粤远隔万水千山,大桥即将通车的消息还是在津沽大地见诸报端。1932年12月22日的《北洋画报》上,就刊发了一组海珠桥的图片报道并配有文字注释:

广州珠江铁桥(右上为南段正面,左上为北段,右下为南段侧面,左下为北段侧面)笔公摄

上图铁桥由承做天津万国桥之德工程师马克敦承造,所用工人,亦多系曾在津工作之人,工程甚为浩大,已费时两年,约廿二年即可通行,将为中国各城市之冠,天津万国桥实望尘莫及也。

1932年12月22日《北洋画报》中关于广州海珠桥的报道

署名"笔公"的拍摄者正是《北洋画报》的创办人冯武越先生。随图说明文,虽然笔墨不多,但字里行间,能察觉到作者在有意寻找天津万国桥与广州海珠桥之间的某种联系。

在1933年2月21日《申报》发表的《广州海珠铁桥落成》一文中也写道:

> (海珠桥)以马克敦所拟价目为最廉。市府遂召之详细研究多次,然后审定图则。图则决定后,以中币大洋一百零三万二千两而成议……马克敦公司承建工程后,即在天津、烟台等处,雇用工人二百五十余人来粤工作。在二十五个月内(工期为二十五个月——引者注),因在桥底工作遇险溺毙者七人、病没者五人。此十二名为桥工而牺牲者,均由该公司酌量抚恤。

《申报》与《北洋画报》的报道不谋而合,都提及海珠桥的施工人员中有一部分来自天津,可见此说较为可信。

根据《广州海珠桥》的记载，此桥全长 600 英尺，两侧固定跨长 220 英尺，中间开合跨长 160 英尺。在风速小于每秒 50 英里时可正常开启。桥宽 60 英尺，两侧人行道各 10 英尺，中间车道为 40 英尺。根据年平均水位计算，桥高 25 英尺，普通小船在大桥闭合时，仍能自由来往于桥下。其载重量为 20 吨。整座桥梁骨架用钢量为 170 吨，其他铸铁及助理钢筋约 85 吨，保固期以 30 年为限。虽然，海珠桥的建成时间较万国桥晚了 6 年，可是应该承认，综合对比两座桥梁的技术数据，海珠桥更胜一筹。这也就难怪《北洋画报》要慨叹：“(海珠桥)将为中国各城市之冠，天津万国桥实望尘莫及也。"另外，按照此报道中的说法，建造海珠桥的德国工程师马克敦也参加过万国桥的施工。

前文摘录的《广州海珠桥》一书中已明确记述："(海珠桥)交与美商慎昌洋行承办，由马克敦公司建筑，工程则由工务局监理。"这里所说的马克敦是一个公司，而并非一位工程师。在 1995 年 9 月出版、由黄光域编著的《外国在华工商企业词典》中，有对马克敦工程建筑公司(McDonnell & Gorman; McDonnell & Gorman, Inc.)的详细介绍。该公司又名天津英界领事道美商建筑工程公司。"1924 年前马克敦(R.T. McDonnell)与戈尔曼(N.A. Gorman)合伙开办。沈阳及广州设分号。承接工程规划设计，经营工程及总承包业务。1931 年改组，在美国注册为私有有限公司，迁本部于上海，先后在北京路及圆明园路营业。沈阳、广州、香港设分号。1938 年尚见于记载，总经理马克敦，副总经理戈尔曼。往来银行为'汇丰'。"由此可知，马克敦公司是由一位名叫马克敦的工程师与他人合伙开办的。马克敦本人还担任公司总经理。既然该公司负责建造海珠桥，那么，公司总经理马克敦参与工程也就理所当然了。同时，这条信息还给我们提供了另外一个重要线索,那就是马克敦公司总部曾位于天津。这也就更为天津人参与建造海珠桥之说提供了依据。

在前引史料中,对于天津万国桥的建造商有过明确记载。此桥为美国施尔泽尔(Scherzer Rolling)桥梁公司设计,由法国营造商达德施奈尔公司 (The Establissement Dayde and Messrs.Schneider & Cie.)承建,由法商永兴洋行负责具体施工。其中并未提及马克敦这个名字。那么,这位名叫马克敦的德国工程师是否参加过万国桥的建设呢?

由此还能引出更多的话题。为什么两座桥梁的部分结构近似到如同孪生兄弟一般的程度呢?是在营造过程中使用了同一张图纸?还是海珠桥的设计参考了万国桥的技术经验?抑或是这两座大桥原本就是出自同一位设计师之手?这还有待于更多历史档案资料的发现。不管怎样,津城与羊城这天各一方的两座城市因桥梁而联系在一起,这正像古诗中所云:"海内存知己,天涯若比邻"。

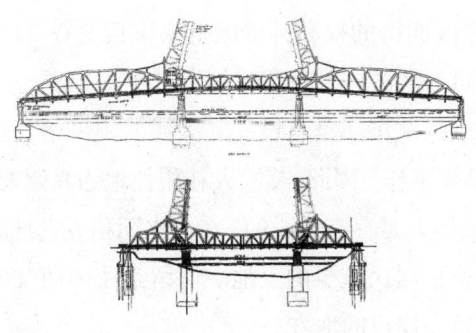

广州海珠桥与天津解放桥的对比

引领租界 促进发展

桥梁出现 法界契机

第二次鸦片战争后,天津被迫开埠通商,西方列强随即在津开辟租界。在《Tientsin: An Illustrated Outline History》(《天津插图本史纲》)中写道:"在北京批准条约后的那一年(1860)冬天,由于对天津条约稍加修改而得的权利,英国皇家工兵戈登(Charles George Gordon)上尉同一名法国工兵军官划定了英法租界。"当英国人为勘定租界奔忙时,法国还没有设立驻天津的领事馆,只有一位法国工兵参与了勘界工作。因此,英国人礼貌性地为其盟友留出了一块土地。当然,英国人是存有私心的。在为本国租界选址时,他们看中了河岸平直、原住居民较少的土地。而留给法国朋友的,则是一块河岸弯曲、有较多住户的地方。

英、法租界区位优势的共同点在于:东临海河、西靠通衢(海大道),上可直抵京师,下可顺流入海,独享水陆之便。此外,坐落于老城厢及三岔河口下游,更是扼守水陆交通的咽喉。不论从政治上还是经济上看,地理位置均堪称得天独厚。尽管划界时还尚属荒野,居民较少,但是随着天津的开埠和海运的发展,其优势迅速发挥出来。

然而与英租界相比,法租界条件略逊一筹。英租界河岸平直,河面宽阔,便于修筑内河码头。另外,界内原住民少,易于管理。而法租界内的海河一段却是一个巨大的河湾。同时,19世纪七八十年代,法租界西部的紫竹林大街一带就已形成华人聚集区。清光绪二十四年(1898)年出版的《津门纪略》中,列有在津客栈87家,其中位于紫竹林一带的就有20家之多。当年繁盛可见一斑。这些都为法租界的管理提出挑战。可以说与英租界相比,法租界存在先天不足。

租界设立后最先获得开发的是也英租界。英国当局以拍卖的形式将租界土地出租后,把收入用于修建码头和道路,这可以说是租界最早的城市基础设施投资。1870年天津教案的发生,也迫使在津的西方人纷纷由老城一带迁入租界内。这为租界带来了第一个快速发展时期。

由于法国在19世纪70年代身陷普法战争,无暇东顾,所以天津法租界的发展不见起色。刊刻于光绪十年(1884)的《津门杂记》可为佐证:

> 天津开设通商口岸,始于咸丰十年庚申之秋,准其西洋诸国永租地基,建屋贸易。自紫竹林前至东北沿河一带,为法国租界,房舍尚未盖齐。紫竹林南,自招商局码头以下,地名杏花村之处,为美国租界。居中之地为英国租界,东以河为至,西以海大道为至,街道宽平,洋房齐整,

路旁树木、葱郁成林。行人蚁集蜂屯,货物如山堆垒。车驴轿马,辄夜不休。电线联成珠网,路灯列若繁星。制甚得法,清雅可观。亦俨如一小沪渎焉。

英、法租界选址时,铁路在天津尚未出现,所以也未在考虑之列。铁路对于天津的城市发展具有划时代意义。津海关税务司德璀琳曾将开平至天津铁路通车的1888年赞誉为"进步的一年"。正是这一年,天津火车站在海河东岸的旺道庄建成,客货运输混用。不久后的1892年,又在车站西侧半里许兴建新客运站。因地处老龙头地区,又被称为老龙头火车站。

1900年夏天,八国联军侵略中国,天津首当其冲成为主战场。7月14日津城沦陷。22日,联军便成立了管理地方事务的统治机构"都统衙门",并把除租界以外的天津地区划分为8块,由各国军队分管。这给列强强占与扩展租界提供了绝佳的机会。联军的各个国家,凡是在津没有租界的大都要求将各自军队领地划定为租界。首先提出要求的便是沙皇俄国。

据《天津海关1892—1901十年报告书》记载:

> 11月初,俄国开始自行划界,并通告各国领事团称:由于俄国军队在火车站附近抵抗了义和团与清军的功绩,保卫了外国租界,使俄国人的生命蒙受了损失,因而俄国政府对从天津火车站(包括车站在内)到世昌洋行煤油栈沿河而下约两英里的一片土地保留绝对主权。

到1901年4月,李鸿章委派直隶候补道钱镠驰赴沽上,与俄国领事会商划界事宜。当时,俄方早已在自定的地界内立了界石,而且火车站被划在界内。面对态度强硬、飞扬跋扈的俄国侵略者,作为战败方的清政府没有任何讨价还价的余地,只能被迫接受。正当此时,俄租界的辟建,遭到英国侵略者的反对。理由是京榆铁路是由英国借款修筑,以铁路产业作借款担保,故英国侵略者有权派兵保护铁路。最后,俄租界当局作出让步,同意将车站以及车站附近的道路划出俄租界,仍归中国政府管辖,足见铁路对于列强的重要性。

英租界在建成之初,英租界当局就对界内的建设做过科学规划,但百密一疏的是,他们没有将日后出现的铁路纳入其中。当铁路通车后,英租界当局才发现它竟与法租界隔河相望,而远离英租界。他们想乘坐火车必须借道法租界才能抵达。正所谓,"汽笛一响,黄金万两"。因为铁路的出现,令法租界的区位条件陡然而升。万国桥在建成之初虽然更多的是为军事需要考虑,但在实际中恰好将法租界与火车站连为一体。既使法租界范围在海河对岸得到延伸,又使其与俄租界之间形成联动,从而将潜在优势转变为实际利益。令法租界的发展后来居上,一跃成为20世纪30年代津门的新城市经济中心。这可谓斗转星移,扭转乾坤,风水轮流转。

大楼选址 桥是关键

能写成此文,要衷心感谢法国籍学者伊莎白(Isabelle Thireau)女士。文中援引的历史档案和资料翻译,均由她提供。笔者在这里只是将事情梗概梳理清楚,并使用中文叙述出来而已。

2011年4月,一个很偶然的机会,我在解放北路认识了伊莎白(Isabelle Thireau)老师。那天,我带她在旧法租界的紫竹林附近参观,介绍了周边一些保存完好的风貌建筑。其间,她对解放桥头百福大楼墙面上的一块石牌产生了浓厚兴趣。

石牌上的内容为"1927 PROPRIETE DU CREDIT—FONCIER D'EXTREME ORIENT"。这块牌子是2009年才被发现的。此前,它一直隐藏在墙壁内并被厚厚的油漆覆盖着。在2009年对大楼的一次整修中,才得以重见天日。对于上面的文字,各方一直多有猜测,但终无定论。当时,伊莎白(Isabelle Thireau)老师也只是对这个问题感兴趣,说可能在文献中见过牌子上的名字,只是有一个大概的印象,还不敢确定。不久之后,我登门拜访她时,我们又提到那个石牌。交谈中我顺口说出了"百福大楼"的名字。"说者无意,听者有心"。她随后也说出了一个单词"Belfran",并让我把"百福"二字用中文写在了"Belfran"这个词的旁边。

2011年5月,正巧伊莎白(Isabelle Thireau)老师去比利时旅行。她专程去布鲁塞尔的档案馆查找相关的历史文献。原来,"CREDIT FONCIER D'EXTREME—ORIENT"就是仪品放贷公司,简称为"CFEO"。据《天津文史资料选辑》(第二十二辑)中由钱仲玫

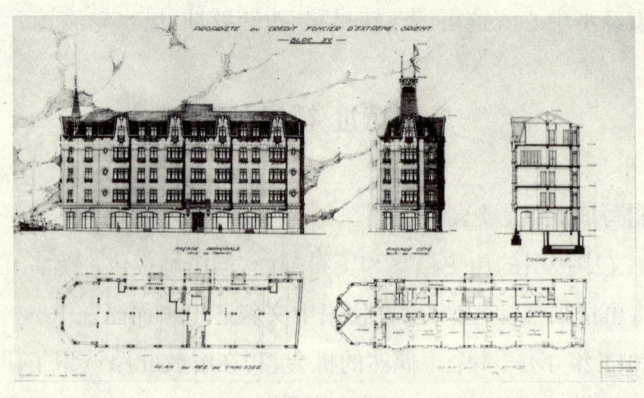

百福大楼设计图纸

先生撰写的《仪品放贷公司在天津的经济掠夺》一文记载：

> 天津比商仪品放贷公司……1907年创办于比利时首都布鲁塞尔。据说该公司属于比国财团体系，实际上比国财团并未正式投资。总公司虽设在比京，但法国巴黎另设有总管理处，直接掌管中国各地分公司的大权。1912年津、沪同时成立仪品放款公司，受巴黎总管理处指挥。在北洋军阀统治时期，天津公司成为华北总管理处……上海成为华南总管理处……

值得庆幸的是，目前在比利时完整保存了天津仪品放贷公司（以下简称"天津公司"）的大量资料，这次伊莎白（Isabelle Thireau）老师查阅的一部分，其中就有关于修建百福大楼的记录。此楼建成于1927年。在建设过程中，天津公司对很多细节都向设在法国的总管理处进行过详细汇报，并保留有大量电报稿作为档案。在大楼筹建之初，天津公司与法国总管理处在选址问题上发生过分歧。

百福大楼与万国桥

法国总管理处曾多次在电报中以质疑的口吻责问。在20世纪20年代末期,天津的经济中心已经明显由老城北门外、三岔河口一带向租界地区转移,尤以法租界梨栈大街一带最为繁华。百福大楼为何不建在梨栈附近?天津公司更了解本地的发展趋势,他们对此问题有着独到见解。此时的梨栈地区,浙江兴业银行已经建成,劝业场和交通饭店都在热火朝天的施工中,几大商业实体的兴建让这里堪称中国"小巴黎"。在此情形下,附近地价也如坐火箭一般地蹿升,用"寸土寸金"形容,毫不夸张。如果百福大楼建在这里,单单购买土地一项,就会占去大半预算经费。相比之下,1927年之前,新万国桥还未建成。沟通法租界与火车站对人们最熟悉的路线,是蓝牌电车沿线,即:走滨江道转松江路过老万国桥至火车站。此时的法租界中街(今解放北路)北头儿还相对冷清。然而新万国桥的竣工通车将会把中街与火车站联系在一起。到时,这里人流、物流汇聚,必将成为新的经济增长点。扼守万国桥头,就占据了最核心的地段,前途不可限量。

最终,天津公司将自己的观点坚持到最后。百福大楼在新万国桥头拔地而起,并于1927年2月竣工开业。8个月后,新万国桥通车。此后,当年天津公司高瞻远瞩的预测变为现实。百福大楼也与万国桥相映成辉,成为海河上一道亮丽的风景线。

租界中街 末端延伸

当初来乍到的朋友们一下抵津火车,走出天津站时,很多人立刻迷失在大都市的喧嚣与繁华中,变得南北莫辨。当漫无目的地走过解放桥时,扑满而来的是道路两旁造型各异的西洋建筑,它们如此恢宏大气,让人顿生渺小之感。这就是解放路。

解放路,又分为解放北路和解放南路,历史上曾是贯穿法、英、德三大租界的主干线。在法租界内的一段,它被叫做大法国路;在英租界内的一段,它名为维多利亚路;在德租界内的一段,它取名威廉街。不过除此之外,它们还有一个共同的名字,那就是"中街"。毫不夸张地说,租界时期,全世界知名洋行、各大金融机构均汇聚于此,因此这里也被誉为"东方华尔街"。可以说,中街的历史就是一部天津租界史,中街道路两旁的建筑就是天津近代历史的活化石。

早在1888年11月3日,《中国时报》就曾记载:

> 一则由于随着河坝开始打桩加固,从老海关到利顺德饭店东面,铺筑了平坦的马路,一则由于长长而笔直的中街,路面平坦,两旁有双排的榆树,也由于一些外观漂亮的房屋的出现,租界开始呈现出稳定和令人瞩目的形态。

站在万国桥上看解放北路

此外，它还是天津的第一条柏油马路。在由英国人雷穆森撰写、1924年由天津印字馆出版、天津法文图书馆发行的《天津的成长》一书中就记述道：

> 早在1917年时，他们(法租界工部局)就把大法国路铺上了一层柏油，这条漂亮的平坦大道恰好显示了用柏油铺筑的路面的潜力。虽然如今已经使用了七年之久，大法国路却毫无损坏的迹象，几乎不用维修。"1926年，由南开大学政治学会所著《天津租界及特区》也证实了上述说法："(法租界)该界除中街为地沥青路外，余皆碎石路。

进入20世纪20年代，英租界开始对中街进行拓宽与整修。在《天津的成长》中介绍：

> (英租界)工部局颇具远见的对老租界主要街道的加宽与调整。过去三年里，中街已经从与小巷没什么区别的窄街变成一条现代的街道，这样，才能与街道两旁的许多银行大楼那富丽堂皇的外表相称。

从以上资料中不难发现，租界早期各国当局还是根据自身需要治理和整修道路的。直到20年代后，随着交通日益繁忙、经济渐趋繁荣，中街开始由以前被租界当局各自为政的区域道路，向沟通各租界大动脉的方向发展。并最终形成贯穿英、法租界及特一区(一战中天津收回德租界，改称天津特别行政区一区，简称特一区)的主干道路。

然而,多年以来,海河成为禁锢中街进一步延伸的障碍。虽然附近就有老万国桥(1904—1928)沟通两岸,但建桥之初,更多的考虑是连通火车站跨河的通道,对法租界一侧缺乏考虑。再加上蓝牌电车的多年运营,形成了从中街转滨江道,再转松江路,过海河至火车站的路线。路程中的两个拐弯给交通带来诸多不便。

1927年新万国桥的建成,在便利火车站旅客疏散的同时,更多的是将中街元素考虑其中,因此,将建桥地点选在了中街北头儿。这样,既使海河在中街面前天堑变通途,又使中街通往火车站的路途成为一条直线,免去拐弯抹角之苦。由此,中街也在其末端寻找到了新的拓展与延伸。

海铁联运 一桥牵线

《近代天津城市史》中曾评论道:"20世纪以后,远洋运输和华北铁路网的兴起,标志着天津与世界各国和华北腹地之间的交通运输方式的巨大变革,它缩短了彼此之间的距离,促进了多方位的联系,为天津成为华北经济中心创造了优越的客观条件。"

开埠以前的天津是凭借"地当九河津要,路通七省舟车"的地理优势,倚仗拱卫京畿和漕粮转运的政治经济地位,得以奠定其作为华北地区商品集散地的地位。此时,内河航运是天津与腹地商品交流的主要方式。运输工具多以木制帆船为主。当时的天津几乎没有远洋运输,近海运输也仅限于国内南北之间的粮食及土特产等商品。这也就使码头集中在运河沿岸,海运码头的发展相对滞后。1860年开埠后,天津成为北方最早开放的港口城市,随着租界中基础设施的日臻完善,设在紫竹林等处的一批海运码头相继崛起,津沽进入了远洋运输的时代。轮船的快捷是旧式帆船难以比拟的。由此,轮船的往来穿梭,成为海河上司空见惯的景观。

华北铁路网的出现开始于1881年建成的唐胥铁路。因此,它被称为中国实用铁路建筑的开端。1888年秋天,这条铁路与天津接通后,第一次使中国的一座大城市与当时最大的能源基地连接起来,对津门的城市发展意义深远。随着铁路的继续延长,它把北京和天津两个华北最大的城市联在一起,并把海河水系、滦河水系和关外的辽河水系连成一体。这条铁路与上述各水系横向相交,正好弥补了这几条水系互相平行无法相通的缺陷,使华北传统的水路交通通过铁路联成一气,极大地提高了天津的经济地位。

正是由于远洋运输和华北铁路网的初具规模,才为促成海铁联运创造了可能。所谓海铁联运,是指内陆地区货物由火车运到港口后再装上船舶运出,或是货物由船舶运输到达港口后再由火车运到内陆。其把海运、铁路等传统的单一运输方式有机结合起来,化为一体以有效的综合利用,构成一种连贯的运输过程。早在19

1928年,从空中鸟瞰万国桥及周边地区

世纪,远见卓识的外国人就已察觉到这一点。在《1888年天津海关贸易报告》就这样写道:

当我们想到这个人口稠密国家的大量铁路线由本埠伸向四方,而这又是它唯一输出口岸的时候,那么马上就会明显感到其中包含着多么巨大潜力,这种潜力只是由于目前缺乏国内交通工具而实际受到了限制。假使这些进步必然会在今后若干年中产生内部的压力,从而允准延建铁路……那么便立即会承认,对天津贸易光辉未来的预言是有可靠根据的。

对于天津而言,远洋运输的节点是以紫竹林为代表的租界码头,而华北铁路网的节点则是老龙头火车站。由于强划租界在先,铁路设站在后,老龙头火车站更偏重客运功能而使货运码头未能在短时间内形成。历史上各租界之间又缺乏城市发展中的科学布局与合理规划,造成了火车站与海运码头分居海河两岸,虽距离上近在咫尺,但却因海河的阻隔而远如天涯,难以形成铁路与海运的零换乘。万国桥对于海铁联运的意义,正是在于缩短了二者之间的转运距离。

进入20世纪后,在英、法租界的码头上,往往囤积了大量的海运货物,成为华北名副其实的货物集散地。这些货物进入腹地的路径有两条,其一是从租界运至天津老城东北的三岔河口,通过内河航运完成;另一则是通过万国桥到达对岸的老龙头火车站,装车外运。相比之下,最经济、便捷的交通方式就是铁路。解放桥就成了唯一的通道。

当年的装卸工人都曾回忆:"法租界的万国桥是租界装卸货物

的运输要道,对桥头的法国巡捕头子,逢年过节照例送礼 1000 元,其他的大小巡捕,若应酬不到,也会找麻烦。"可见当时万国桥对于货物转移之重要。

大桥开启 租界发展

在老天津人记忆中,万国桥的开启是习以为常的事。但它究竟每年要开启多少次?或许谁也说不清。幸好史料为我们提供了可参考的依据。

据《海河工程局 1933 年报告书》记载,本年万国桥共开启 203 次。在《海河工程局 1934 年报告书》中更是将 1929 年至 1934 年大桥的开启次数统计列表,原文如下:

下表指示每年开桥之次数,在民国十六年(1927)与十七年(1928),开桥次数甚少。

民国十八年(1929)	87 次
民国十九年(1930)	83 次
民国二十年(1931)	112 次
民国二十一年(1932)	66 次
民国二十二年(1933)	203 次
民国二十三年(1934)	505 次

《海河工程局 1935 年报告书》中又写道:"本年万国桥共启闭 396 次,自民国十六年十月十八日(1927 年 10 月 18 日)开启以来,总计开放 1512 次。"由此可推算出,在 1927 至 1928 年间,万国桥共开

启60次。

自1860年至20世纪初,各国列强先后在天津开辟了九国租界,它们无一例外地沿海河分布,兴修码头、发展航运便成为设立租界后的第一要务。此后,海河这条黄金水道便成为各国船舶的聚集地。特别是经过海河工程局组织的裁湾取直工程后,在航道大为缩短的同时,河床断面扩大,航道的纳潮量增加,致使内河码头的泊位变深,诸多吃水较深的大型远洋货轮得以自由进出。因此在1924年,海河便迎来了航运的繁盛期。由雷穆森撰写、出版于1925年的《Tientsin: An Illustrated Outline History》(《天津插图本史纲》)中就评论道:

> 1924年是一个创纪录的航运年,有1502艘舰船到达这个口岸,其中1311艘驶抵天津租界河坝,最大的吃水量为17英尺6英寸。

轮船驶过万国桥

面对如此大好局面,位于万国桥上游的日本、意大利、奥地利三大租界只能羡慕不已。因为在 1927 年之前,由于老万国桥(1904—1928)的平转式开启,仅能让出 68 英尺的航路,严重限制了通航船只的往来,令其上游码头难以发展。因此早在 1906 年,日本驻津总领事就迫不及待地提出兴建新桥的设想。现藏于天津档案馆的《天津新万国铁桥建筑费用报告书》中就记载:

> 建筑新桥及拆卸旧桥问题发起于民国五年,当时日本驻津总领事松平君(现任日本驻伦敦大使)曾请求津海关税务司梅乐和君,将本口停轮界限展至金汤桥地方,俾轮船可以平安驶过万国桥,而停泊于日本租界河沿。

随着 1927 新万国桥(1927 年至今)的建成和 1928 年末老万国桥(1904—1928)的拆除,为上游租界码头的发展带来了新的契机。新桥采用施尔泽尔式开启技术,桥体打开后,可产生 140 英尺的航道净空,足以满足各类船舶的通航需要。自此之后,日租界航运业的发展格外抢眼。

根据《津海关十年报告(1922—1931)》中对 1927 至 1931 年往来天津的各国船只吨位的统计,就不难发现,单就吨位总和而论,日本第一、英国第二、中国第三、美国第四、德国第五、其他各国次之。在此之前,海河中英籍轮船的吨位一直独占鳌头。分析日本能后来居上云:

> 揆厥原因,约有数端:(一)日本距本埠(天津)甚近,地理上占有优势;(二)比岁以还,世界各处行业萧条,日

商乃积极经营中日航业,并于1925年以后,将往来日、津船只大事增加;(三)1925年上海五卅惨案发生,英轮营业大受影响,日轮遂获渔人之利矣。

除此之外,新万国桥发挥的作用也不容小觑。如今只要留心遗留下来的万国桥老照片,在拍摄的大桥开启的场景中,穿桥而过的十有八九是日籍舰船。这也从另一个侧面说明该桥作为日租界码头水上门户的重要意义。

由此再来分析1927至1935年万国桥的开启次数。如以海河每年封冻期为3个月计算,1927、1928年的开启次数甚少,1929、1930年几乎隔三天开启一次,1931—1933年隔两天便能开启一次,1934年后可每天开启一次,甚至还存在一天开启两次的情况。应该说,万国桥开启次数的增多,正是日租界码头渐趋崛起的真实写照。

潜移默化 深入人心

方寸天地 魅力尽显

说起中国邮政的历史，无论如何都绕不开天津，因为全国试办邮务首先就是从这里起步的。清光绪四年（1878），海关总税务司赫德指派天津海关税务司德璀琳筹办中国海关邮务。此后，便以天津海关为中心，逐渐扩展到北京、营口、烟台、上海等沿海口岸。同年3月，德璀琳设立天津海关书信馆，这便是中国近代史上第一家效仿西方模式的邮局书信馆。中国的第一套邮票——"大龙邮票"不久随之问世，标志着神州大地进入了邮票的时代。人们再也不用为了一纸信函而翻越万水千山，只要贴上小小的邮票，它就犹如天边的鸿雁，能悄无声息地飞到收者身边。伴随逐渐普及，琳琅满目的邮票也成为大众日益追捧的对象。由于其经常选用具有代表性的画面，所以往往被称为"国家名片"。虽然天津是中国"国家名片"的发祥地，但把津城主题的景物搬上邮票，却是1945年的事。

1945年8月15日,日伪当局为庆祝伪华北邮政总局成立七周年,发行过一套纪念邮票。全套5枚,面值分为:5元、10元、20元、30元、50元五种。全版100枚,齿孔14度。无版铭,无背胶。由北平新民印书馆以胶版印刷。图案皆选用伪华北邮政总局管辖区域的风景名胜。第三枚面值20元票,即是天津万国桥开启的景象。其余四枚的画面依次是:5元面值为山西五台山、10元面值为河南开封铁塔、30元面值为山东泰山、50元面值为伪北京邮政总局。由于邮票发行时恰逢抗战胜利,所以只发行了不到1个月的时间,即被废止。万国桥作为直沽风光的代表被印刷在邮票上,这对天津来说是有史以来的第一次,在民国年间更是仅此一次。

《华北邮政总局成立七周年》
纪念邮票

《引滦入津工程》特种邮票

新中国成立后,在五彩斑斓的新中国邮票中,偶尔也能寻觅到几个沽上风物。如1954年《经济建设》中的"塘沽新港",1963年《民间玩具》里的"天津彩塑",或是1978年《中日和平友好条约签订》中的第二枚"杨柳青年画"。不过把这些说成"凤毛麟角""寥若晨星"一点儿都不过分。直到1984年,才有了第一套完整取材于津门的邮票——《引滦入津工程》特种邮票。它是为纪念天津引滦入津工程竣工一周年,由当时的国家邮电部在计划外增加发行的。全套3枚,编号T93。其中第一枚取名"甜水入津"。图案以三岔河口的引滦入津纪念碑的汉白玉母子雕塑为主景,表现出母亲怀抱婴儿沐浴甘露滋润的景象。在背景的处理上,设计师在淡蓝色的映衬下,选用了解放桥与百货大楼的搭配来展示津沽的城市风貌和文化内涵。整体协调的冷色调形成了气氛的渲染,仿佛甘洌清澈的河水将天津人民与滦河紧紧连在一起。

这一次,距离上次解放桥在邮票上露面,已经过去了整整39个春秋。有人说,时间能淡漠一切。可是将近40载时光悠悠而逝,它却丝毫没有动摇解放桥在天津百姓心目中的标志性地位。两枚沉默不语的邮票就是最好的见证。

登上封面 锦上添花

解放桥作为天津的标志性建筑,曾无数次登上各种书籍杂志的封面。其中最为影响深远的一次,笔者认为非《津门小集》莫属。

《津门小集》是孙犁先生的散文集。由百花文艺出版社于1962年9月出版。书中收录作品18篇,后记1篇,是作者1949年1月至1956年天津解放初期所写的散文,是对社会主义新天津的歌颂,大多随写随发表在《天津日报》上。后由热心的《新港》文学月刊编辑冉淮舟抄录集结,交付出版。

出版社在拿到书稿之初,编辑们就颇

孙犁像

为犯难。孙犁是现代著名的小说家、散文家,被誉为"荷花淀派"创始人,书稿内容当然非常出色。可是篇幅过小,只有28000字,很难单独成册。编辑们希望孙犁先生能再写一些,而当时患病在身的他已无力执笔。这一难题只好留给美术编辑陈新来解决。

陈新不愧为书籍装帧设计界的专家。他为该书量身订制了版式设计,先是把32开本横竖各裁掉一部

《津门小集》书影

分,外观尺寸长16.2厘米,宽11.4厘米,小巧玲珑,可以装在口袋里,人称"口袋书"。然后在内页上,缩小版心,扩大天头地脚、翻口、订口亦留白较多。每页18行,每行20字。同时还利用每篇文章文前的题头图和文末的尾花弥补文字的不足,既增强了作品的感染力,又调动了读者的阅读兴趣。封面是一本书给人留下的第一印象,自然成为设计的重点。设计师以典雅庄重的淡黄色作衬托。在书名"津门小集"四个宋体字下,配以一幅黑白色调的海河风景画。青松翠柏的掩映下,近前的河堤围栏与远处造型别致的解放桥和谐自然,构成了极具地方特色的封面画。让人一看便知书中内容离不开天津。这样的设计恰恰与孙犁先生质朴的文风达到高度统一。

此书一经出版,便获得了意想不到的好评。这给病中的孙犁带来了喜悦,他曾说:"(这本书)是对我养病期间很大的一种帮助,一种鼓励和一种安慰。"初版1万册的印数,在当年已经不算少。不久后,又于1964年3月再版印刷,总印数达32800册,而今已成为收藏市场炙手可热的佳品。

《津门小集》的成功使得百花文艺出版社形成一个不成文的规定，就是今后的散文作品都采用此开本印刷。经过了五六十年代的初露锋芒，文革的暂停，到八十年代进入鼎盛时期，逐渐成长为系列丛书。由此，这种百花文艺出版社的"小开本散文集"也被广大读者亲切的称为"百花小开本"。由于种种原因，九十年代初小开本逐渐衰落，最终停止。据统计，"百花小开本"先后出版90余种。

　　可以说"小开本"成就了"百花"的一代传奇，甚至在现代散文史中也占有一席之地。俗话说，"火车跑得快，全凭车头带"。《津门小集》作为开启"小开本"历史的领头羊，其开创性意义难以估量。而一想到《津门小集》，封面中那幅解放桥畔的海河风景画就会成为许多人心中恬美的记忆。

年画之中 风情再现

　　在天津博物馆的"沽上风物——天津民间艺术陈列"主题展览中，有一幅名为"万国铁桥"的杨柳青年画。

　　该画的创作年代，可以根据画面上两个非常有代表性的内容来判断。一个是万国桥、另一个是左上角的龙旗。此万国桥于1904年1月9日竣工通车。因为只有大桥彻底完工，画师才能一睹全貌。由此可推断创作时间不会早于桥梁落成之日。而大清龙旗又是最具时代特色的标志物。如果进入民国，那改旗易帜就是最为敏感的事件。前朝的徽记绝不可能出现在新朝。更何况年画是百姓喜闻乐见的物产，传播范围之大、影响地域之广，统治者当然不能让已被推翻的东西死灰复燃。也就是说，这幅画的创作不会晚于1912年1月1日民国成立。由此，我们可以将创作时间锁定在"1904年

1月9日至1912年1月1日"这段时间内。

画面右下角有"廉增戴记"的款识，这是绘制此画的店铺字号。在杨柳青年画中，提起"戴廉增"，绝对是鼎鼎大名。无论铺面规模，还是产品质量，在古镇画乡都首屈一指。其分号更是遍布华夏九州，皇城根儿有北京前门打磨厂分号、北有辽东的奉天分号、向西更是跟随着赶大营直抵新疆迪化（今乌鲁木齐）、喀什等地。王树村先生在1959年发表的《杨柳青年画史概要》中，曾以戴廉增画店的开业时间来推算杨柳青木版年画的创始年代，足见该画店的历史悠久、独树一帜。文中这样写道：

> 杨柳青年画的创始年代及其发展情况，这方面的文字材料并不多见，难知详确。所幸，明末以来传留下的一些珍本实物，大部分尚存于民间；而清代同、光年间的老辈艺人，尚有健在，这对我们提供了唯一难得的真实资料。传说杨柳青刻印年画于明万历年间即已开始。据杨柳青较老的年画作坊'戴廉增画店'开业年代来估计，戴氏经营此业至戴廉增时，已是第九世了，如此推算，至晚当是明末。

笔者原以为这"廉增戴记"与"戴廉增"是一回事，只是一个字号的不同写法罢了。可是后来却发现，在1936年1月21日《益世报》"杨柳青与年画专号"的《关于年画》一文中有过如下记载：

> 清末民初，洋纸画喧宾夺主而起。本来价既廉，物又美，样子也多，于是土产画大受淘汰，各画店纷纷倒闭。到现在正式只有两家了：一是戴廉增，为美利（杨柳青早期

的一家画店——引者注)后辈戴姓;一是廉增戴,为其表亲宋姓。廉增戴并有支店设于北平。

可见这只是有血缘关系的两家店铺,并非推测的那样,是一个字号的两种写法。据此文断定,"廉增戴记"画店直到1937年抗战爆发前夕仍在勉强支撑。

在清末,由于洋务运动的兴起和民众思想的启蒙,西方科学民主的新鲜事物被相继搬上年画,如"飞艇图""新刻天津紫竹林自行洋车图""教子登科儿童乐境"等代表作数不胜数。这些与时俱进的作品一经推出就广受好评、销路极佳。该画明显就是受此风潮影响,将西洋大铁桥作为主景,以求让人过目不忘。

从绘画风格上分析,绘制此画时,曾创立雪鸿山馆的高桐轩正处于创作巅峰,给杨柳青画业注入了一股典雅华贵之风。而钱慧安的文人气质也成为众人争相模仿的对象。可是纵观全画,虽然在重点人物与背景环境的描摹上有意识的吸收了西洋美术中透视法的技巧,但笔墨之间还是沿袭着杨柳青乡村的民间特色。未受当时流

杨柳青年画《万国铁桥》

行的皇家宫廷画风和海派文人气质的太多影响。

从画面构图上分析，整体布局没有采用西洋画推崇的黄金分割法，而突出了国人传统思维里的中心对称观念。以桥梁为中心，桥上十七人，以左八、右九的方式排列，展现出错落有致的层次感。河里桥墩分置左右，岸上建筑遥相呼应，当空飘扬的旗子都能成双配对。更有甚者，连桥上的灯杆都严格遵循着对称原则。

另外，再从绘画思路上考量，作者明显套用年画创作的程式化思维。因为在当时，万国桥地处法、俄租界交界处。民间花会这种在华界盛行的娱乐方式是不可能在租界里出现的。可以想象，应该是画师只亲眼见过万国桥，在创作时，为了表现桥上最热闹的瞬间，就把他自己认为喜庆红火的花会表演想当然的移植到此处，才出现了"万国桥上踩高跷、租界地里扭秧歌"的奇异混搭。

若从历史的角度来欣赏，画中还存在一处硬伤，就是那两面旗子。在画面中大桥右侧为法租界。英、法两国在发动第二次鸦片战争后，相继在津强行划定势力范围，开创了列强瓜分津沽大地的先河。显而易见画师希望在右上角描绘一面法国国旗，可惜颜色并不准确。而左上角的龙旗就更是不合逻辑。俄国在八国联军侵华后的1901年便在津划定租界。而前文已提到，此画的创作时间大致是"1904年1月9日至1912年1月1日"之间。也就是说，此时的画面左侧已是俄国租界范围。也许由于俄租界发展相对滞后，而老龙头火车站及地道外、郭庄子一带又是当时的华人聚居区，给人一种错觉，才使作者再一次想当然的把龙旗画了上去。需要说明的是，龙旗的错误，错在地理空间上，而与时间维度无关，因此错画龙旗与前面推断年画创作时间的结论并不矛盾。既然作者能画出龙旗，就说明创作时间是在清末，而非民国。其实在很多反映类似题材的作品中,地名错误标注、张冠李戴、指鹿为马的情况时常发生。这也反映了杨柳青画师不熟悉天津市区地理的普遍现象。

我们没有必要用近乎苛刻的眼光来审视这幅年画。尽管历史上遗留下种类繁多的万国桥资料,但当通过杨柳青木版年画的精湛技艺再次将万国桥雄姿展现在画卷上时,人们似乎又品味到了天津这座历史文化名城中西合璧、古今交融的神韵。

桥梁造型 成为理念

在天津文化中心东侧矗立着一座风格迥异的建筑,它就是天津科技馆。场馆外观源于解放桥的造型,寓意跨世纪的科技之桥。它将360度穹幕剧场设置在屋顶,取"旭日东升"的含义。该建筑于1993年初开工。在完成基础施工时,1993年3月8日的《今晚报》就迫不及待的以《天津科技馆跃出地面》为标题来报道工程进度,文章的副标题即为《主体建筑跨度大 造型颇似解放桥》。由此可见,当年这个匠心独具的构思颇受大众瞩目。

说起"旭日东升"设计方案能最终脱颖而出,还有一段有意思的故事。1994年9月5日《今晚报》上刊登的《科技馆——津门跨世纪桥梁》一文为我们讲述了其中的来龙去脉。

早在1991年7月9日,天津市政府就决定建设一个既是青少年校外科技教育阵地,又是社会精神文明课堂的科普场馆,并将其作为天津市发展国民经济八五规划重点项目之一。当时政府财政投资1亿多元作为建设资金,这在津门的历史上尚属首次,在全国也是屈指可数,足见政府打造精品工程的决心。按照当时《今晚报》的记载:

1992年8月18日,在市政府召开的第五次科技馆设计方案审定会上,选中了22个方案中,由天津建筑设计院设计的、唯一把球型宇宙剧场放到屋顶上面名为"旭日东升"的方案。无论从高空鸟瞰,还是从远处凭眺,科技馆的外型都酷似具有天津显著地方特征的解放桥。寓意是跨世纪的科技之桥。天津要发展,科技是桥梁。用科技进步推动天津的经济腾飞。屋顶上3200吨重的360°穹幕剧场,是由八颗钢筋混凝土圆柱直接顶到14.4米高空,堂堂正正的坐在"桥"中央,宛如一轮喷薄欲出的朝阳,象征着天津科技事业后继有人。

此设计方案受到青睐,应该说同解放桥代表天津城市的标志意义密不可分。自从解放桥建成之日,它钢筋铁骨的外形和双叶立转式的开启体系就被公认为当时世界领先的科技成就。近百年的风霜雨雪过后,解放桥对于天津这座城市来说已经不再是一座普普通通的铁桥,它更成为天津开启中国北方洋务之风,引领科技时代先河的符号。所以,它的造型逐渐在市民心中概念化,经过升华后再次运用到了90年代新一轮的城市建设中,这样的例子在天津绝无仅有。

解放桥与天津科技馆的造型对比

形象概念 俯拾皆是

烟标上的解放桥形象

2012年12月11日《今晚经济周报》中,张建老师的《一桥一景话"之最"》一文在描述解放桥时,用"最具标志意义的老桥"为题,开头这样写道:

20世纪五六十年代,甚至到了七十年代,解放桥的图形都是天津的象征。那时,经常见到旅行包、手提包的右下角以解放桥精美的剪影为装饰,并配以毛体的"天津"二字,带着它即便走到天涯海角也能猜出你是从天津来的,外地人对天津的认识,也多是从那个印象深刻的标志开始的。以至于后来的日记本、练习本、信封、信纸都印上了过目难忘的解放桥图案。

读后我感觉自己犹如梦中人被一语点醒。当我聚精会神地关注解放桥本身,或是仅仅把它作为标志性建筑时。其实我忽略了更至关重要的一点,那就是对于天津这座被海河孕育的城市来说,百年老桥的价值就只局限于连接两岸、沟通往来那么简单吗?答案显而易见。当一座城市与一座桥梁,历经沧桑、同沐风雨、相濡以沫、荣辱与共的一路走来,它们已经难舍难分、如影随形了。

走在街上，我不经意间发现，天津出租车的统一标识就是以解放桥为原型的抽象图案。这时我才意识到，只要身处天津，不管你离海河有多远，其实解放桥都在你身边。由此我又想到了童年的印象里，好像有一种名叫"天津"的香烟，包装上画的就是"解放桥"和"百货大楼"。于是我希望能通过网络的检索，把这离破碎的记忆拼凑还原起来。没想到在网上不仅找到了改革开放后天津卷烟厂生产的"天津"牌香烟，还找到了一款年代更早的名为"天津雪茄"的香烟，包装图案也是解放桥。此外，在解放初期，由保定市地方国营三三制烟厂出品的"大天津"香烟上的图案还是解放桥。察哈尔省供应部队制烟厂的一种产品更是直接称为"解放桥牌香烟"。可见解放桥不单是天津人的骄傲，也是外地人对天津这座城市最直接的印象。

甚至就在前不久刚刚推出的"天津地铁 2013 年圣诞纪念票"上，封面六个津城标志建筑图案中，除解放桥一座历史建筑外，其他五个都是改革开放后的新建筑。

从一个小小的图案上，就充分说明了天津与解放桥的不解之缘。不同的角度、不同的阅历、不同的视野，给了每个人不同的感受。对于天津，解放桥可以是一座桥，可以是一条线，可以是一个点，也可以是人们心中的一种情结、一种怀念。

老明信片封套上的解放桥形象

参考文献

书籍

[1] 张焘.津门杂记.1884

[2] 中华舆图学社.津门精华实录.中华舆图学社,1918

[3] 雷穆森.Tientsin: An Illustrated Outline History.天津插图本史纲.天津:天津印字馆,1925

[4] 南开大学政治学会.天津租界及特区.上海:商务印书馆,1926

[5] 海河工程局.海河工程局一九二八年报告书.天津:海河工程局,1928

[6] 海河工程局.海河工程局一九二九年报告书.天津:海河工程局,1929

[7] 天津特别市财政局. 天津特别市财政局民国十七年度财政年刊.天津:天津大公报馆,1929

[8] 海河工程局.海河工程局一九三零年报告书.天津:海河工程局,1930

[9] 梁思成,张锐.天津特别市物质建筑方案.天津:北洋美术印刷所,1930

[10]海河工程局.海河工程局一九三一年报告书.天津:海河工程局,1931

[11]海河工程局.海河工程局一九三二年报告书.天津:海河工程局,1932

[12]海河工程局.海河工程局民国二十二年报告书.天津:海河工程局,1933

[13]海河工程局.海河工程局民国二十三年(西历一九三四年)报告书.天津:海河工程局,1934

[14]天津市市志编纂处.天津市概要.天津:天津市政府,1934

[15]广州市政府.广州市政建设丛刊第一种·广州海珠桥.广州:广州市政府,1934

[16]海河工程局.海河工程局民国二十四年(西历一九三五年)报告书.天津:海河工程局,1935

[17]中国工程师学会.中国工程师学会三十周年纪念刊·三十年来之中国工程.中国工程师学会,1946

[18]李洛之,聂汤谷.天津的经济地位.经济部驻津办事处,1948

[19]肯德(P.H.Kent).中国铁路发展史.李抱宏等译.北京:生活·读书·新知三联出版社,1958

[20]王树村.杨柳青年画资料集.北京:人民美术出版社,1959

[21]孙犁著.津门小集.天津:百花文艺出版社,1962

[22]李国祁.中国早期的铁路经营.台北:中央研究院近代史研

究所,1976

[23]蒋天枢.陈寅恪先生编年事辑.上海:上海古籍出版社,1981

[24]天津民间文艺研究会.天津风物传说.天津:百花文艺出版社,1984

[25]北洋画报社.北洋画报.北京:书目文献出版社,1985

[26]顾廷龙,叶亚廉.李鸿章全集(二)·电稿二.上海:上海人民出版社,1986

[27]李华彬.天津港史(古、近代部分).北京:人民交通出版社,1986

[28]荣庆著.荣庆日记.谢兴尧整理、点校、注释.西安:西北大学出版社,1986

[29]中国驻屯军司令部.二十世纪初的天津概况.侯振彤译.天津:天津市地方史志编修委员会总编辑室,1986

[30]来新夏.天津近代史.天津:南开大学出版社,1987

[31]天津图书馆,天津社会科学院历史研究所.袁世凯奏议.天津:天津古籍出版社,1987

[32]天津市航道工程处.天津市航道工程处创建九十周年纪念专刊.天津:天津市航道工程处,1987

[33] 中国人民政治协商会议天津市委员会文史资料研究委员会.天津近代人物录.天津:天津市地方史志编修委员会总编辑室出版,1987

[34] 天津市政协文史资料研究委员会. 天津的洋行与买办.天津:天津人民出版社,1987

[35] 中国人民政治协商会议天津市委员会文史资料研究委员会.天津近代人物录.1987

[36]武月星等.卢沟桥事变风云篇.北京:中国人民大学出版社,1987

[37]周祖奭,张复和,村松伸,寺原让治.中国近代建筑总览 天津篇.中国近代建筑史研究会、日本亚洲近代建筑史研究会.1989

[38]天津档案馆.袁世凯天津档案史料选编.天津:天津古籍出版社,1990

[39]天津市档案馆,南开大学分校档案系.天津租界档案选编.天津:天津人民出版社,1992

[40]罗澍伟.近代天津城市史.北京:中国社会科学出版社,1993

[41]天津市电力工业志编辑委员会.天津市电力工业志.北京:中国铁道出版社,1993

[42]天津市地方志编修委员会.天津通志·大事记.天津:天津社会科学院出版社,1994

[43]黄光域编.外国在华工商企业辞典.四川:四川人民出版社,1995

[44]尚克强,刘海岩主编.天津租界社会研究.天津:天津人民出版社,1996

[45]天津市地方志编修委员会.天津通志·城乡建设志(上).天津:天津社会科学院出版社,1996

[46]天津市地方志编修委员会.天津通志·城乡建设志(下).天津:天津社会科学院出版社,1996

[47]天津市地方志编修委员会.天津通志·附志·租界.天津:天津社会科学院出版社,1996

[48]黎仁凯等.义和团运动 华北社会 直隶总督.保定:河北大学出版社,1997

[49]天津市地方志编修委员会办公室等.《益世报》天津资料点校汇编.天津:天津社会科学院出版社,1999

[50]天津市地方志编修委员会,南开大学地方文献研究室.天津通志 旧志点校 上.天津:南开大学出版社,1999

[51]天津航道局.天津航道局史.北京:人民交通出版社,2000

[52]中国第二历史档案馆,中国海关总署办公厅.中国旧海关史料 1859—1948.北京:京华出版社,2001

[53]天津市地方志编修委员会.天津通志·旧志点校(中).天津:天津社会科学院出版社,2001

[54]天津市地方志编修委员会.天津通志·旧志点校(下).天津:天津社会科学院出版社,2001

[55]天津市地方志编修委员会.天津通志·公安志.天津:天津社会科学院出版社,2001

[56]陈德仁.天津战役研究.天津:天津古籍出版社,2003

[57]天津市河北区地方志编修委员会.天津市河北区志.天津:天津社会科学院出版社,2003

[58]刘海岩.空间与社会——近代天津城市的演变.天津:天津社会科学院出版社,2003

[59]甘肃省档案馆.天下黄河第一桥.兰州:兰州大学出版社,2003

[60]来新夏.天津的九国租界.天津:天津古籍出版社,2004

[61]赵桂芬.津海关史要览.北京:中国海关出版社,2004

[62]倪瑞英,赵克立,赵善继翻译,汪寿松,郝克路,王培利编校.八国联军占领实录——天津临时政府会议纪要.天津:天津社会科学院出版社,2004

[63]天津市规划和国土资源局.天津城市历史地图集.天津:天津古籍出版社,2004

[64]天津市和平区地方志编修委员会.天津市和平区志.北京:中华书局,2004

[65]贾长华.六百岁的天津.天津:天津教育出版社,2004

[66]天津市档案馆,天津海关.津海关秘档解译——天津近代历史记录.北京:中国海关出版社,2006

[67]朱从兵.李鸿章与中国铁路——中国近代铁路建设事业的艰难起步.北京:群言出版社,2006

[68]王凯捷.天津方式.北京:中共党史出版社,2007

[69]罗文华.七十二沽花共水.南京:南京师范大学出版社,2007

[70]林希著.其实你不懂天津人.天津:天津人民出版社,2007

[71]薛福成著,宝海校注.出使四国日记.北京:社会科学文献出版社,2007

[72]天津市烟草专卖局,天津市烟草公司,天津:天津市烟草学会.天津烟标集.2007

[73]王树村.艺林拓荒广记.天津:天津杨柳青画社,2008

[74]天津博物馆.中华百年看天津.天津:天津古籍出版社,2008

[75]雷穆森.天津租界史(插图本).许逸凡、赵地译,刘海岩校订.天津:天津人民出版社,2009

[76]项海帆等.中国桥梁史纲.上海:同济大学出版社,2009

[77]侯仁之.我从燕京大学来.北京:生活·读书·新知 三联出版社,2009

[78]天津市档案馆.天津解放.北京:中国档案出版社,2009

[79]卜僧慧.陈寅恪先生年谱长编(初稿).北京:中华书局,2010

[80] 王勇则.图说1915巴拿马赛会——光耀世博史的中国篇章.上海:上海远东出版社,2010

[81] 张俊英.造币总厂.天津:天津教育出版社,2010

[82] 中国人民大学图书馆.中国人民大学图书馆藏稀见方志丛刊.北京:国家图书馆出版社,2012

[83] 天津市档案馆.天津市档案馆馆藏珍品档案图录(1655—1949).天津:天津古籍出版社,2013

[84] 中国人民政治协商会议天津市委员会文史资料研究委员会.天津文史资料选辑.天津:天津人民出版社

论文

[1] 莘觉.天津新万国桥之计划.工程,1926年(第1期)

[2] 华南圭.钢桥疲惫之主因及补救方法.工商学志,1935年(第1期)

[3] 李吟秋.天津市西河铁桥工程设计概要.工商学志,1935年(第2期)

[4] 茅以升.三十年来中国之桥梁工程.中国工程师学会三十周年纪念刊·三十年来之中国工程,1946年

[5] 蒋智才."会师金汤桥"照片是在解放桥补拍的.党史资料与研究,1989年(第2期)

[6] 崔莉莉.解放桥耄耋之年"重焕活力".天津建设科技,2005年(第6期)

[7] 韩振勇,张玉明,侯清,金树法,张振学,井润胜.天津市开启桥的修复与加固技术研究.中国市政工程,2006年(第4期)

[8] 张显杰,刁润胜,张振学,韩振勇,井润胜.海河综合开发工程开启桥的修复与加固.城市道桥与防洪,2006年(第5期)

[9] 阎丽萍,马继兰.解放桥铆接工艺数理统计.天津建设科技.2006年增刊

[10] 张振学,张显杰,王成金,陈惟珍.天津解放桥的修复与加固.天津建设科技,2007年(第3期)

[11] 王成彪,戚春坡,黄建军.开启桥称重技术研究.天津市政工程,2007年(第3期)

[12] 张显杰,张振学,王成金,陈惟珍.开启式钢桥桥面铺装形式的选择.天津建设科技,2007年(第3期)

[13] 李惠兰,王勇则,王振良.抗日爱国将领李文田.鹤壁文史资料,2008年(第12辑)

[14] 刘茜.旧万国桥建造始末.天津档案,2008年(第10期)

[15] 刘伯军,张友为,黄建军.解放桥下桥传动机构施工技术研究——天津海河综合开发基础设施建设解放桥改建工程.第十八届全国桥梁学术会议论文集(上册),2008年

[16] 张显杰,韩振勇,张振学.天津海河开启桥的修复与开启桥的发展趋势.第十八届全国桥梁学术会议论文集(上册),2008年

[17] 孙建军,岳澄,石九州,张伟,梁园,王曰启.天津解放桥恢复开启工程应力监测.实验力学,2009年(第3期)

[18] 曹立.古朴厚重的解放桥.天津档案,2009年(第4期)

[19] 吴保平.天津84年历史变迁的见证者:解放桥.建筑,2010年(第9期)

[20] 贾宝刚.解放桥除锈防腐工艺研究.城市建设理论研究,2013年(第3期)

报纸

《申报》

1889 年 4 月 18 日《桥工水手》

1889 年 4 月 26 日《铁桥拆毁》

1889 年 5 月 7 日《拆桥匪易》

1889 年 5 月 18 日《拆桥纪闻》

1923 年 7 月 10 日《国内专电》

1925 年 1 月 9 日《国内专电》

1925 年 1 月 10 日《国内专电》

1925 年 2 月 1 日《国内专电》

1925 年 5 月 5 日《中国时局记》

1926 年 5 月 28 日《本馆专电》

1927 年 9 月 4 日《天津之情场公案》

1927 年 9 月 12 日《京津噪声》

1927 年 9 月 18 日《京津杂电》

1927 年 10 月 20 日《京津杂电》

1927 年 10 月 20 日《天津万国桥落成》

1931 年 11 月 14 日《津市恐慌未减》

1931 年 12 月 8 日《津市昨日戒严 密报有便衣队图暴动 公安局获嫌疑犯二人》

1935 年 5 月 11 日《津万国桥 发生堕河惨剧》

1935 年 5 月 12 日《津市府为万国桥案 向海河工程局抗议》

1935 年 5 月 16 日《津商会请 收回万国桥管理权》

1937年4月1日《津意、日租界 架桥计划》

1937年4月8日《驻津日领馆 拟拓展租界区域 人口膨胀租界内不敷容纳 拟架海河桥梁向河东发展》

1937年7月31日《难民流离 为状绝惨》

1937年7月31日《日、意租界 造成军桥》

1937年8月1日《津难民惨遭残杀》

1937年8月2日《津法、日当局交恶 日割断法租界电话线 驻津法领已向日抗议》

1937年9月20日《沉痛的回忆（八）》

1938年12月20日《天津日军 封锁英、法租界》

1939年9月4日《津日军 封锁万国桥》

《北洋画报》

1927年9月21日《将于本年"双十节"举行落成礼之天津新万国桥》

1927年10月26日《铁索桥志》

1927年10月26日《万国桥落成礼琐记》

1927年12月3日《今年本埠之两大建筑》

1928年1月7日《津埠之大建筑谈》

1931年3月5日《万国桥雪后》

1932年12月22日《海珠桥》

《大公报》

1904年1月9日《庆贺铁桥》

1904年1月10日《贺桥志盛》

1906年5月21日《修理铁桥》

1907年8月18日《改修车站铁桥》

1923年8月12日《改建万国桥之筹款办法》

1924年5月22日《万国桥开桥改订钟点》

1925年1月8日《新万国桥将改地址建筑》

1925年1月9日《核发万国桥岁费》

1925年1月30日《法工程师勘验桥基》

1925年9月3日《请建红桥》

1927年9月11日《新万国桥"双十节"通行》

1927年2月25日《天津外人商会常年会》

1927年9月29日《法租界到河东》

1927年10月10日《将近通行之天津万国桥》

1927年10月11日《新桥通行展缓》

1927年10月15日《新万国桥 十八日举行通行礼 齐彦儒请拨岁修费》

1927年10月19日《新万国桥落成礼志盛》

1927年10月20日《解放桥照片》

1927年10月22日《新万国桥限制行车速率》

1927年10月28日《新万国桥货车通行规则》

1927年11月3日《海河轮船航行规则修改中》

1929年4月12日《展征万国桥捐 各委员今日查账目》

1929年4月15日《万国桥 三机关调查 桥务会来历根据 会函海河工程局董事会》

1929年4月25日《万国桥工程费 查账一周内即可完竣 桥捐当局拟收回自办》

1929年4月29日《万国桥工程经费案 本市财工港三局奉令赶速清查 两函催海河工程局董事会答覆》

1929年5月10日《万国桥工程案 海河工程局预备移交》

1929年5月11日《万国桥工款案 财部令继续澈查》

1929年5月15日《万国桥工程用款 工程费较原定限制多用八万 续收桥工附税暂由海关保管 现本市当局正在秘密审查中》

1929年5月24日《港财工三局会呈 澈查万国桥工程费 应按上海市政府收回浚浦局之议将海河工程局收归地方机关管辖》

1929年6月30日《大红桥改筑铁桥 利用万国桥就桥梁 约需经费二十万元》

1929年7月12日《整顿海河声中 海河小游纪 万国桥东淤泥成田》

1929年10月24日《两日舰长驱入海河 "槙号"今晨将泊傍山口街码头 "马吉号"入港官方向日领交涉》

1929年10月25日《日舰昨晨泊码头 "槙号"已停泊山口街码头 "椿号"又将于廿九日来津》

1933年6月11日《重建大红桥施工在即 工款廿五万两可无问题 活动桥孔决仍设在两端》

1935年5月11日《昨日正午万国桥突然自开 摔伤十二人骡车坠入河内 因放行轮船后电闸未关妥》

1936年1月5日《万国桥开桥之一刹那》

1936年5月17日《万国桥畔惨剧 乡妇失足坠身河中 女婴当时溺毙》

1936年6月25日《万国桥洞淤塞 海河工程局挖泥船 今明上午实行疏浚》

1945年12月22日《津市重定路名 一洗敌伪旧污租界痕迹》

1946年1月17日《津市府昨市政会议 确定中山、中正、林森

等路名称》

1946年1月20日《浙参会请将奉化易名中正县》

《益世报》

1919年11月14日《法国桥重加修理》

1920年11月28日《万国桥电车添设双轨》

1923年1月24日《拨付万国桥应摊岁费》

1923年8月12日《改建万国桥加征河捐》

1925年1月8日《万国桥将改址建筑》

1926年3月17日《津沽间各外舰之调查》

1926年6月18日《筑桥工人淹毙之惨闻》

1927年5月21日《万国桥航行规则修正》

1927年9月18日《新万国桥通行典礼 迎张作霖主席 各国公使临场》

1927年10月18日《新万国桥开桥礼 今日午后举行》

1927年10月19日《新万国桥开幕盛况》

1927年10月21日《新万国桥通行办法》

1927年10月21日《走过桥来》

1927年10月26日《旧万国桥行将迁移 移至大红桥原地》

1927年10月29日《新万国桥运货车通行规则》

1928年4月11日《万国桥下游海河小火轮披撞翻》

1929年4月12日《万国桥建筑费 查过预算一倍有奇 五机关将查核账目》

1929年4月15日《外国人之拆烂污 万国桥用款超过估价事》

1929年4月29日《工港财三局催询万国桥工程计划》

1929年5月10日《万国桥工程案 海河工程局准备移交》

1929年5月11日《三机关续查 万国桥工程案 昨已会函通知》

1929年5月24日《澈查万国桥工程案 港财工三局会呈调查经过 并拟具意见请收回工程局》

1929年5月25日《澈查万国桥工程案（续）港财工三局会呈调查经过 并拟具意见请收回工程局》

1929年10月23日《日驱逐舰昨抵塘沽 定今晨驶入特一区大连码头 外舰深入腹地国人作何感想》

1929年10月24日《日本鱼雷艇已抵津 昨驶入特一区停泊闸口 市政府已函交涉署查办》

1929年10月25日《天津市新国耻 日舰"马吉号"蛮横长驱进口经过 昨晨由特一区开往日租界码头 频以探海灯闪全市应加取缔》

1930年8月16日《大红桥将重建铁桥 市府令工局计划进行》

1933年6月11日《重建大红桥最近期内施工 工款大致已无问题 活动桥孔设在两端 海关公署呈部核示》

1933年6月12日《大红桥左右建筑码头 共计月二三十座 刻在积极进行中》

1933年11月6日《修筑特三区万国桥堤坝》

1935年5月11日《万国桥昨午自启 人马车货坠河》

1935年5月13日《万国桥自启责任问题 正副管理员予罚薪处分》

1935年6月29日《万国桥上患精神病投河遇救 凭栏眺望踊身跃入河内 水警打捞出水救治全活》

1935年12月4日《日舰来津》

1937年4月29日《海关副税务司英人巴斯醉后肇祸汽车开入

河中》

1945年12月22日《津市府拟改租界名称》

1946年1月22日《津变更路名 工务局规定四原则 希望市民提供意见》

1948年4月29日《天津长街十九条分段该订路名》

《天津日报》

1963年3月31日《天津的开合桥》

《今晚报》

1984年9月8日《"方寸"传业绩 饮水常思源》

1985年7月2日《我爱天津卫》

1985年8月6日《日寇封锁天津英法租界》

1987年9月9日《引滦邮票设计者》

2008年4月17日《架子工》

1991年2月4日《做好这件很有意义事情——天津城标雕塑评委会会议发言纪实》

1993年3月18日《天津科技馆跃出地面》

1993年8月7日《三座名桥无桥铭 游客留影成憾事》

1994年9月5日《科技馆——津门跨世纪的桥梁》

1996年3月13日《解放桥上发生火警》

1996年6月5日《抢救保护七旬解放桥》

1996年6月16日《解放桥腐蚀程度严重 抢救性保护迫在眉睫》

1996年11月15日《精神病人爬上桥顶 众干警搭救解险情》

1996年12月28日《恋爱序曲》

1997年6月7日《解放桥大规模装饰》

1997年10月16日《名桥"无名"遗憾多多》

1999年10月14日《新中国邮票上天津事物》

1999年12月31日《抗击日寇第一战》

2002年7月9日《烟盒图案竟是万国桥》

2002年7月25日《1937年的天津抗战》

2003年10月14日《孙犁与他的＜津门小集＞》

2004年12月7日《开合桥津城最多 形态各异种类丰富》

2005年1月15日《会师解放桥》

2005年2月21日《解放桥改造方案上午敲定 能开能合 能过大船》

2005年3月14日《解放桥体检》

2005年3月24日《目睹解放桥开桥》

2006年1月9日《海河上的几座桥》

2006年1月10日《东西对进 拦腰斩断》

2006年1月12日《多处会师》

2006年1月14日《金汤桥会师后》

2006年1月15日《永远丰碑》

2006年3月13日《三份老报纸记录天津解放》

2006年3月18日《解放桥要重新开启》

2006年3月27日《解放桥改造三步走》

2006年6月22日《改造解放桥,活儿真细》

2006年9月6日《解放桥换新颜》

2006年10月31日《时隔三十三年 解放桥抬高开启》

2007年1月19日《八旬解放桥 抖擞又工作》

2007年12月31日《抢占金汤桥的勇士》

2008 年 6 月 18 日《解放桥粉刷一新》
2008 年 7 月 22 日《解放桥调试开启》
2009 年 1 月 15 日《东西对进夹击》
2010 年 6 月 2 日《万国桥建成》
2010 年 7 月 18 日《天津解放》
2010 年 10 月 16 日《解放桥上端横梁精神病男"玩悬儿"》
2011 年 3 月 25 日《津海关与解放桥》
2013 年 7 月 10 日《探求天津的标志性建筑》

你的生日，也是我的生日

近来，为了给解放桥的文章配图，我不遗余力地寻找各种相关照片。其中的一张又把我带回到 24 年前。但见照片中，坐在海河边栏杆上的孩子就是我，站在旁边的是我的母亲。我已记不清当时的情景，根据照片背后的注释，拍摄时间为 1989 年。很明显，由于对焦的问题，拍摄者把焦点放在了解放桥上，所以从效果来看，母亲和我的影像较为模糊，而大桥却拍得无比清晰。这似乎是在多年之前就暗示着，我与解放桥还有一段不解的情缘吧。有人说，翻看老

笔者与母亲于 1989 年在解放桥旁的合影

照片是件令人幸福的事,的确如此。

几年前,在互联网上见过几张解放桥落成典礼的照片,看着那隆重的场面和一张张陌生的面孔,我不禁发问,这宏大的庆典是何时进行的?参会嘉宾又是何方神圣呢?后来通过查阅史料我发现,这一天是1927年10月18日。10月18日也是我的生日——我出生于1985年10月18日。有人说这是机缘巧合,也有人说这是美妙传奇,但我更宁愿相信这是与生俱来的情缘。因为自我降生的那一刻起,这种情缘就让我无从选择,更无法割舍。

2010年,一次与王勇则老师的聊天中,他向我提到老报纸可以作为佐证资料来配合文史研究的问题。报纸具有时效性强的特点,往往会在重大事件发生后的较短时间内发布消息,这也就保证了其信息比较贴近历史原貌。天津历史上,报社林立,名牌报纸享誉海内,特色小报更是层出不穷,这都为我们触摸历史提供了第一手素材。回家后,我找出了束之高阁的《〈益世报〉天津资料点校汇编》那厚厚的三大本,塌下心来一页页翻看,自此便一发不可收拾。老报纸中包罗万象的新闻,展现着当时的世间百态。整合散见史料,揣摩历史细节,实在令我着魔,难以割舍。

也正是以此为基础,我通过把感兴趣的一些解放桥历史线索与其他史料比对、分析后,于2010年12月6日撰写了《揭开解放桥设计者之谜》,并发表在个人博客上。这是我触摸解放桥历史的第一篇成稿。不久,王振良老师看到此文,把它推荐给天津《中老年时报》。该文经过《中老年时报》编辑吕金才先生的修改,更名为《究竟谁设计了解放桥》,刊登在2011年12月7日的该报第七版上。由此也揭开了我研究解放桥的序幕。随后,《落成仪式 一拖再拖》《庆典现场 历史瞬间》《移建红桥 终未如愿》等文章相继完成。可在此后的一段时间里,随着目力所及的资料看得差不多了，我曾感到没什么更有意思的角度可以切入了。估计这是遇到了研究的瓶颈。直到2012年初,在参加天津历史学会艺术史专业委员会学术年会,赴北京平谷考察采风的大巴车上,我与勇则老师又坐在了一起。路途的两个小时里,我们的话题始终没离开解放桥。勇则老师给我提供了许多我还不知道的文献资料线索,使我的思路再次拓展,多篇文章也随之拟就。

到2012年10月,解放桥系列文章已完成20篇,累计5万余字。当年正逢解放桥落成85周年华诞。为纪念这个特殊的日子,在王振良老师的帮助下,我于2012年10月18日推出了《解放桥的前世今生》(《天津记忆》第114期)这本小册子。振良老师在本书《编后记》结尾处写道:"方博关于解放桥的写作还在进行,收入这本小册子的文字,不过是刚刚揭去面纱的解放桥一角。我们期待他能够复原更多解放桥的历史侧影!"读着如此充满期待的文字,我在兴奋之余也倍感压力。还能有耳目一新的考证出现吗?还能有耐人寻味的文章问世吗?说实话,我当时真的没底。

转眼已是2013年10月18日。回首一年,我交上了一份自己还算满意的答卷。从2010年至今,三年间,解放桥贯穿于我的文史学习中。如今,《〈益世报〉天津资料点校汇编》那三大本,早就难以满足我对史料的渴望了。我只好寄希望于去图书馆寻觅那些难得一见的文献。面对图书馆里堆积如山的书籍,我才领悟到个人的渺小。"对史料心存敬畏之心,对文献满怀感恩之情",这是我当时的第一感触。要感谢无数前辈为我们留下的取之不尽的历史财富,我们唯一能做的就是唤醒这些沉睡已久的文字,让它们重获新生,再放光芒。如此一路走来,我的选题构思不断拓宽,文献资料日趋丰富,写作技巧也有所进步。从最初的挖掘书籍报刊所载,到进行梳理比照,发展到搜罗各种与解放桥相关的实物资料,如老照片、明信片、老地图等。这些老物件往往价格不菲,让人望而却步。然而看到它们的一瞬,我又总是把持不足自己,让情感战胜理性。在大方地拍出银子之后,过着囊中羞涩的日子。例如,长久以来我只能看到由英国人雷穆森撰写,天津印字馆于 1925 年出版的《Tientsin: An Illustrated Outline History》(《天津插图本史纲》)的中文译本。书中有不少对解放桥的记载,但英文原版却总是难觅踪影。原著里是如何用词行文、谋篇布局的?中文译本中又增添了多少后人的认知?这些一直令我困扰不已。一次在书店偶遇此书,标价 8000 元人民币。几番讨价还价后咬牙以 6200 元成交。

有付出自然有回报,涓涓细流汇成滚滚江海,以至于构成了我颇具规模的解放桥专项收藏。最终再将从方方面面得来的思绪汇聚到文章之中。所以,应该说每一篇文章都是艰辛探求的历程,每一次修改都是浴火重生的磨砺。我藏有一方砚台,为家中长辈遗留,其上刻有"笔耕之墨,耨之心获"。儿时只觉其笔画秀丽,并不探究此中深意。现在才发现,研究解放桥,仿佛就是在耕种田地。字里行间无不浸润着辛勤的汗水。

我曾经纠结于一个问题。文史研究只是我的兴趣爱好,与本职工作没有任何关系,我是不是在某种程度上有些不务正业了?但慢慢地我发现,解放桥文章的撰写,我没有像工作中撰写汇报材料那样绞尽脑汁、苦思冥想,没有像在单位里起草行政公文那样字斟句酌、小心翼翼,更多的是酣畅淋漓地一挥而就,写得痛快洒脱。这也许就源于我与解放桥的那种不解情缘吧。我相信,只要真情流露,文笔就能清爽自然,就不会矫揉造作,只要对史料的理解逐渐深入,就能收放自如。那便是写作的最佳状态。我非常喜欢诗人艾青先生在《我爱这土地》结尾处的倾诉:"为什么我的眼里常含泪水?因为我对这土地爱得深沉……"而有时我又试图抑制情绪,让自己站在冷静、客观的角度去思考。正是在这种感性与理性的相互拉锯、彼此往复中,我完成了一篇篇可以让解放桥生平的脉络愈加清晰的文章。

今天早晨9点11分,我的手机上收到一条来自"@天津老照片"的微博:"1927年的今天,历时4年修建的万国桥举行竣工典礼。这座总耗资190万两白银的开合铁桥,见证了天津的悲欢离合、荣辱兴衰,今天依然是天津的标志。从几年前开始,有一位年轻人孜孜不倦地挖掘万国桥的各种故事,成绩斐然,因为10月18日也是他的生日。Happy Birthday"。一天之内,该微博被转发200余次。真没想到,解放桥的生日已经成为许多人关注的话题。

三年间,每每在图书馆静静地翻阅那些无人问津的老报纸时,我总能有一种莫名的寂寞之感。同时,"板凳要坐十年冷,文章不写半句空"这样的名言也始终响彻耳边。可是就在今天,这微博告诉我,我并不孤独,解放桥是很多人潜意识里的怀念。正如诗人卞之琳先生在《断章》所说:"你站在桥上看风景,看风景的人在楼上看你。明月装饰了你的窗子,你装饰了别人的梦。"其实,当我们漫步解放桥之时,每个人都是桥上的主角儿。

当解放桥迎来第86个春秋之时,我也将迎来28岁的生日。随着自己慢慢长大,似乎对生日的期盼淡了很多。前几年在外上学,有一次还把自己的生日给忘了。但今年的生日注定会印象深刻,因为我找到了一位与我同日同月诞生的老朋友与我一起过生日,这位老朋友就是解放桥。在我们生日的这一天,我把自己三年来对这位老朋友生平的粗浅研究心得汇集成册,作为我们共同的生日礼物。

祝愿我的老朋友永葆青春!

方博写于芥园
2013年10月18日初稿
2014年4月8日改定